U0108172

麥 田 人 文

王德威／主編

Contre-Feux 2: Pour un mouvement social européen
Copyright © Éditions RAISONS D'AGIR, janvier 2001
Chinese translation copyright © 2003 by Rye Field Publications,
a division of Cité Publishing Ltd.
All Rights Reserved

麥田人文75

以火攻火──催生一個歐洲社會運動
Contre-Feux 2
Pour un mouvement social européen

作　　　者／布爾迪厄（Pierre Bourdieu）
譯　　　者／孫智綺
主　　　編／王德威
校　譯　者／吳錫德
責 任 編 輯／吳惠貞　蔡雅琪
發　行　人／涂玉雲
出　　　版／麥田出版
　　　　　　台北市信義路二段213號11樓
　　　　　　電話：02-23517776　傳真：02-23519179
發　　　行／城邦文化事業股份有限公司
　　　　　　台北市愛國東路100號1樓
　　　　　　電話：02-23965698　傳真：02-23570954
　　　　　　網址：www.cite.com.tw　E-mail：service@cite.com.tw
　　　　　　郵撥帳號：18966004城邦文化事業股份有限公司
香港發行所／城邦（香港）出版集團有限公司
　　　　　　香港北角英皇道310號雲華大廈4字樓504室
　　　　　　電話：25086231　傳真：25789337
馬新發行所／城邦（馬新）出版集團有限公司
　　　　　　Cite(M) Sdn. Bhd. (458372 U)
　　　　　　11, Jalan 30D/146, Desa Tasik, Sungai Besi,
　　　　　　57000 Kuala Lumpur, Malaysia
　　　　　　電話：603-9056 3833　傳真：603-9056 2833
　　　　　　E-mail: citekl@cite.com.tw.
初 版 一 刷／2003年12月

售　　　價／220元
有著作權・翻印必究（Printed in Taiwan）
ISBN：986-7537-05-X

以火攻火

催生一個歐洲社會運動

布爾迪厄 Pierre Bourdieu

吳錫德校譯　孫智綺譯

目　錄

前言

　　在此我依時間順序集結所公開發表過的言論，目的在於催生一個正在形成的歐洲社會運動。這些大多數還沒有發表的言論（至少是用法文陳述的），為了避免重複，我做了一番刪減，雖然經過我的整理，但仍保持言論發表當時的特殊時空背景。為了個人及現實上的一些理由，我開始覺得，那些有幸可以一輩子站得遠遠地研究人類社會的人，不應該自外於這些攸關人類社會未來的奮鬥。這些奮鬥有很大一部分是理論之爭，而統治者可以靠主動或被動的共犯結構來進行這些鬥爭，我所謂的共犯，就像那些在

布魯塞爾經常出入歐盟執委會、歐盟部長理事會及歐洲議
會數以萬計的遊說專家們。新自由主義奉為圭臬的教條，
絕非天經地義、自然而然的產物，它只是被廣泛而徹底的
灌輸和接受，以至於沒有人去討論它和質疑它。實際上，
新自由主義教條是經過漫長的時期，由一股強大力量不斷
地去建構出來的理論，從理論的生產、傳播到發表，一直
都是有系統、有計畫地在進行[1]：例如，光是美國商會
（AMCHAM），在1998年這一年，就出了十本專書、六十
多份報告，並且參加了三百五十場與歐盟執委會和歐洲議
會[2]的會議。這類的組織、公關公司、工業團體或私人公
司的遊說團（lobbies），真是多如牛毛。要反制這些由文化
資本的大量集中及動員的力量，只能靠同樣但反方向的動
員才能得以有效的對抗。

我們今天更應該重建十九世紀以來社會科學領域的傳
統，不讓人類社會任由盲目的經濟力量所操控，並努力使
其心中視為理想的社會科學價值普及於世[3]。我自己也意
識到，正如我現在所做的──動員學者去捍衛他們的自主

---

[1] 有關柴契爾主義的形成，可參考Keith Dixon, *Les Évangélistes du marché*（市場的福音傳
教士），Paris, Raisons d'agir Éditions, 1998.

[2] 有關此觀點，可參考Belén Balanya, Ann Doherty, Olivier Hoedeman, Adam Ma'anit, Erik
Wesselins, *Europe Inc. Liaisons dangereuses entre institutions et milieux d'affaires européens*（歐洲
股份有限公司：體制與歐洲商界之危險關係），Susan George作序, Marseille, Agone

性及堅持他們領域內的價值觀，將會觸犯安逸於象牙塔內
的那些人，後者一向將學術圈以外的介入視為違反「價值
中立」。他們以學術道德為名——這即是我不惜加以駁斥
的，視此乃對科學客觀性的錯誤示範，或易引發外界誤
解，甚至橫遭譴責。但是我堅信，無論如何都必須讓社會
科學所確立的價值觀進入公共討論的領域（過去它們幾乎
不曾在此現身），提醒成為媒體寵兒的二流評論家要謹言
慎行，不要信口胡謅；同時，藉此將長期禁錮在知識之邦
內的批判力量釋放出來；而之所以會有這種情事，部分原
因乃是對科學道德的誤解，逕自認定「學術人」便不應介
入到那些新聞界及政治圈內的庸俗辯論；另一原因則是受
到一種慣性所影響，即那些使某人成為某個領域的專家的
思考與作品，從學術上的收益而言，如果較為專門的論著
——但通常只有同行才會去閱讀，較易保有其研究成果，
也較具獲利性。許多經濟學家在私底下，都非常瞧不起記
者或央行總裁對經濟理論的濫用，但是，如果我們說這些
經濟學家的沉默，是造成經濟學被拿來為政治的不公不義

Éditeur, 2000.

3 尤其出現在不同領域的思想家，如 Ritt Tawney, Émile Durkheim, Charles S. Peirce 身
上。可參考 Thomas L. Haskell, "Professionalism Versus Capitalism: R. H. Tawney, E.
Durkheim and C. S. Pierce on the Disinterestedness of Professional Communities", in Thomas
L. Haskell(éd), *The Authority of Experts: Studies in History and Theory*, Bloomington, Indiana
Univ. Press, 1984.

合理化的重大因素，他們又會生氣。

　　讓知識走出其象牙塔，但更難的是讓學者介入到政治圈裡，尤其還要知道是要去捍衛哪個行動，去支持哪個政策？是要援引過去知識分子「介入」的模式，譬如，勢單力薄的請願，或甘心為某個政客利用做個象徵性的背書，或做個說教式或專家式的知識分子，讓人分享其專長，或者接單式的提供某個知識。或是在學者和社會運動間建立新的關係，既不分家，但也不合而為一，拒不淪為工具化，但也不落入反體制的空想？建構一個新的**組織形式**，使得學者和社會運動者的力量可以結合在一起，進行集體批判與創制，從而產生新形式的動員和行動？

　　但是，到底要賦予這個政治行動什麼樣的運作模式？什麼樣的規模？是要在國家、歐洲，還是世界這個層級來主導？過去請願抗爭的目標，不都在那些隱居的強權政府的操弄下，轉移議旨成了某種完美的騙局？矛盾的是，**國家**過去一直是（自由化）經濟政策的始作俑者，這個政策造成國家的一窮二白，而國家今天還是不理會全球化的支

持者或反對者所言，繼續在為這樣的政策護盤。國家自行築起了煙幕，使得它的人民，甚至領導者自己，都看不清自己已被剝奪殆盡，以及去察覺某個重要政策的議旨及其利害關係。這種煙幕作用掩飾國家權力，而它又加以偽裝[4]，使人僅僅注意到檯面上無關緊要的小角色，這些跳樑小丑在媒體頭版或選舉口水戰裡相互叫囂，結果反而轉移請願抗議示威的真正目標。

　　政治離人民越來越遠。但是，我們有理由相信，一個有效的政治行動，它的某些目標，必須在歐洲這個層次上運作，尤其是當歐洲企業和組織在全球走向上，扮演著舉足輕重的角色時。我們可以把目標設定在歐洲的政治化或政治的歐洲化，把歐洲不民主的制度民主化：像不受任何民意監督的中央銀行，或非民選的公務人員委員會，他們在檯面下的運作，與國際利益團體的私相授受，完全不受民意機關和行政體系的監督。譬如，歐盟執委會集大權於一身，既不用向其虛而不實的行政機關（歐盟部長理事會）負責，也不用向其虛假的立法機關（歐洲議會）負責，歐

---

[4] 法國政府的做法正是如此，在未受國會監督下，法國政府逕自將歐盟的指令（directive）以行政命令（ordonnance）授權執法。而這些指令只不過是世界貿易組織的指令稍加掩飾的新版本。可參考 Aline Pailler, "La maladie des ordonnances"（行政命令之病害），*Le Monde*《世界報》, 4 novembre 2000.

洲議會本身亦無力抗拒壓力團體的遊說，它的合法性問題，只能靠歐洲全體人民的普選來解決。我們無法期待這些機構能脫胎換骨，這些機構越來越屈從於國際組織的指令，這些指令就是透過一個越來越集中化的經濟力量以掃除全世界的一切障礙。我們只能靠一場廣泛的歐洲社會運動來推動，透過這個社會運動，來建構一個政治的歐洲，賦予這樣的歐洲一個開放而協調的視野，融合過去文化上及社會上的資產，提供全方位、博大而清晰的社會革新計畫。

對我而言，現在最要緊的工作，就是找到物質、經濟及特別是**組織上**的資源，鼓吹有能力的學者去聯結社會運動者，讓他們一起去討論擬訂改革的計畫和分析，這些事，至目前為止，都還只是某些個人零星的想法，或只出現在一些很邊陲的出版品、機密報告或很冷門的雜誌。可以確定的是，資料搜集員再仔細再徹底的彙集、政黨工會的討論、理論家的綜合歸納，這些都不能取代由那些肯採取行動的學者和歐洲各國有經驗有思考能力的社會運動

者，彼此相互激盪所產生的結果。只有能為共同事業帶來助益的學者和社會運動者，他們兩者的結合，才能建構出有效的集體機制，並成為名符其實的社會計畫。

巴黎，2000 年 11 月

以火攻火

催生一個歐洲社會運動

催生一個歐洲社會運動[*]

　　當我們談到歐洲時，想要裝聾做啞都不是件容易的事。媒體場域依據它最典型的邏輯（全有或全無）去過濾、截收、詮釋所有公開的言談，並且試圖強制所有自閉於其邏輯的人去接受的低能選擇：「贊成」歐盟，也就是說，進步的、心胸開放的、現代的、自由主義的。反之，不贊成歐盟，就只能是古板的、念舊的、目光短淺的、極右的，甚至是反猶太的。因為除了無條件信仰如此的歐盟（也就是說，只剩下一個銀行、一個單一貨幣，以及受制於無止境競爭的歐洲）以外，沒有其他合法的選擇。但是

* 刊於《世界報國際外交》（*Le Monde diplomatique*）月刊，1999年6月，頁1, 16-17。

也不要以為，只要一談到「福利社會的歐洲」，就可以避免這個粗糙的二選一。有關「福利社會的歐洲」之說法到目前為止，只是把支配公民日常生活的具體規範，做一個無關緊要的詮釋：就業、健康、居住、退休等等。然而有關競爭的法令，每天都在撼動財物和勞務的供給，並且快速拆解國家的公共部門，更不用說歐洲央行的政策可以完全不理會民主的辯論。我們可以草擬一份「福利社會」憲章，卻同時進行薪資的緊縮、社會權益的減少、反抗運動的鎮壓等等。**歐洲目前的建構是一場對福利社會的破壞。**像法國社會黨人士一樣，訴諸這些漂亮說詞的人，只不過是把英國式「社會自由主義」——這個欲言又止的柴契爾主義，之所以還有一點賣點，靠的是對社會主義符碼的投機性運用，並經過媒體的回收——的模糊化政策變得更加模糊[5]。這也是為什麼目前在歐洲掌權的社會民主黨人，可以藉著貨幣穩定性及預算嚴謹度之名，幫忙掃除最近兩個世紀來的社會鬥爭所爭取到的最珍貴權益：普遍主義、平均主義（透過平等和公平之間弔詭的區分）、國際主

---

5 可參考 Keith Dixon, *Un digne héritier*（高尚的繼承者）, Paris, Raisons d'agir Éditions, 2000.

義，甚至破壞社會主義概念或理想的本質，而這一本質，大體上來說，就是想要透過一個有組織的集體行動，來保護或重建被經濟力量所威脅的**凝聚力**。

當他們幾乎同時在好幾個歐洲國家掌權，而可以給社會民主黨人一個真正的機會，一起去構思及引導一個真正的社會政策時，他們竟然想也沒想到要利用在稅收上、就業上、經貿上、工作權上、教育上或居住上所賦予他們的政治行動良機，這不是很令人感慨嗎？他們甚至也沒有試著有效地去阻擋**社會福利**（Welfare）權益的破壞程序（已經很嚴重地被破壞），例如藉著在歐盟區內，設立共同的福利社會規範，特別是在最低薪資上（合理地調整）、工時上、年輕人的專業培訓上，這不是很令人訝異，也讓我們見微知著嗎？他們反倒急著推動「金融市場」的運作，而不顧金融市場的控管，像設立資本國際稅制（過去曾是他們的競選政見，這一稅制特別是針對短期投機操作），或能重建確保經濟體間關係穩定的貨幣系統等等，這不是很令人憤慨嗎？在完全沒有民主的監督之下，福利社會政

策審查權被交到「歐元護衛者」（歐元被悄悄地等同於歐洲）的手上，然後讓他們利用這一權力，去禁止資助一個重大的社會經濟發展公共計畫（它是建基在歐盟「規劃原則」下的一個協調整體之建構上，特別是在教育上、健康上及社會保險上）——這將導致跨國制度的創立，可以逐漸地取代國家或地區的行政單位，而一個只涉及貨幣和商業的歐洲統一邏輯，只會造成它們之間的一種惡性競爭——這不是很令人驚訝嗎？

因為歐盟內部彼此的交易在歐洲各國經貿總和裡，占了很大的比例，這些國家的政府可以施行一個限制歐盟內部競爭效果的共同政策，集體對抗來自非歐盟國家的競爭，特別是來自美國的禁令（這些禁令通常也都不符合它所要保護的完全競爭規則）。而不是藉著國際競爭之名揮舞全球化的大旗，來掩飾在社會政策方面的倒退計畫（這正是資方從1970年代中開始，就不斷在言論上及實踐上所鼓吹的計畫）：政府介入的減少、就業者的流動性與彈性化——就業者地位的不穩定化、工會權益的修改、解雇條

件的放鬆——透過財稅補助政策來增加對私人投資的公共補助、資方社會保險支出的減少等等。總之，幾乎等於是置其所公開主張的政策於不顧，然而所有讓他們得以實現其政策的條件都到齊了，這些政府顯然並不真正想要這個政策。

社會史教導我們，若沒有一個能強制社會政策的社會運動，就不會產生社會政策，而且使得市場經濟「文明化」的同時，也加速其效率的，不是當今人們所要我們相信的市場，而是社會運動。因此，對那些想要用一個福利社會的歐洲，來對抗一個銀行及貨幣的歐洲（外加上一個警察及司法的歐洲——歐洲在這方面已經很進步了）及一個軍事的歐洲（科索沃［Kosovo］戰爭所帶來的可能結果）的人來說，重要的是，要如何動員能達到此一目的的力量，及這個動員的工作要訴諸哪個機構。當然我們會想到「歐洲工會聯合會」。但是沒有人會反駁像戈斑（Corinne Gobin）等專家們所說的，歐洲工會聯合會做為「勞資雙方」的勞方代表，只想在合乎禮節和尊嚴之下參加歐洲事物的管

理，同時帶領一種相當溫和的**遊說**行動，符合前歐盟主席德洛（Jacques Delors）所重視的「對話」規範。沒有人會否認，歐洲工會聯合會並沒有盡全力有效地阻擋資方的意願（即，組成一個歐洲雇主及工業聯合會 [UNICE]，並擁有一個強有力的壓力團體，能左右歐盟的決策），也沒有用社會鬥爭常用的武器（罷工、示威遊行等等）來迫使資方接受真正歐洲層次的勞資協議。

所以，至少在短期內，不能期待歐洲工會聯合會轉而支持一個堅決鬥爭的工會主義，只能先暫時地轉向各國的工會。但是也不要忽略，這些工會如果要進行真正地**轉型**，所會面臨的巨大困難（在歐洲層次上的困難，是技術官僚——外交誘惑；在國內層次的困難，是使他們自限於國內層次習慣的思考模式）。特別是在此刻，在任由新自由主義政策及經濟邏輯擴張之下的結果——例如，許多大企業的民營化、零工的大量出現（通常限於服務部門臨時工、兼差、代理工作，甚至有時是在家做的工作）——最後連一個運動分子的工會主義之基礎都受到威脅，正如工

會化之衰退，特別是年輕人的低參與率，尤其是出身移民的年輕人，這使人更加擔憂，但卻沒有人——或幾乎沒有人——想到要從這裡動員。

所以，一個可能會成為福利社會歐洲的動力之歐洲工會主義仍有待發展，而且只能靠一連串多少有些極端的決裂來換取：和國家本位主義，甚至和民族主義者的決裂，和工會傳統決裂，因其自限於國家範圍之內，且很大部分要依賴國家資源才能存活（國家限定利益所在、請願及行動範圍）；和委屈求全思想的決裂，因其不但會讓思想和批判行動失去信譽，而且高捧社會共識，甚至鼓勵工會去承擔一種要被統治者臣服的政策；和經濟宿命論的決裂，因為這種宿命論不只是鼓勵政治—媒體有關「全球化」不可避免之必要性，以及金融市場的支配力（政治領導者喜歡把他們選擇的自由藏在金融市場的背後），甚至也鼓勵社會民主黨政府的保守行為（社會民主黨政府，在重點上，只不過是延長或更新保守政府的政策，使保守政策變得像是唯一的可能，並且試圖賦予資方要求的自由化措

施，一種外表看起來像是透過某項落實的社會政策爭取而來的珍貴福利）；和新自由主義者的決裂，因為它善於把對片面有利的工作契約之無情要求，包裝在「彈性化」的外表之下（例如縮短工時及每週工作三十五個小時之法案的談判，正是在一種越來越不平衡的權力關係下，極盡可能地玩弄於其模糊地帶，這可以說是工作不穩定的普遍化，及一個無能怠惰的政府傾向於認可這種關係所造成的，而不是協助它轉型所致的）。

　　這個革新的工會主義叫做動員者，而這個動員者充滿一種強烈的國際主義，能克服司法和國家行政傳統的障礙，及國家之內的社會障礙（職業類別和部門之間的分離，還有性別、年齡及族群出身的類別間的分離）。事實上，矛盾的是，年輕人（特別是那些出自移民家庭）一直是糾纏著集體幻覺的社會恐懼，而社會這種對他們的恐懼，是在政治上為爭取仇外選票，及媒體上為爭取最高收視率的邏輯下所造成的。在政黨及進步工會的關注裡，年輕人所受到重視的比例反而比不上歐洲各地對「治安」言

論及其政策所賦予的位置。怎麼能不期待一個真正的各國移民者之國際聯盟，或一個由土耳其人、北非卡比利亞人、舊時荷屬圭亞那蘇里南人等等結合歐洲勞工，一起加入一種對抗主流經濟勢力的跨國行動（因為這些主流經濟勢力，透過不同的中介，也是造成就業者外移的主因）？如果這些年輕人（做為治安政策被動的目標，且被人們頑固地稱為「移民」的這些年輕人，今天除了「順從」——我們以「整合」之名向他們說服——或大或小的青少年犯罪，以及郊區暴動——現代形式的農民起義——之外，他們實在別無他路可走）可以變成一個創新及建設性的社會運動之積極分子，歐洲社會也將獲益良多。把移民重新整合到社會運動裡，應該是邁向跨國政策的第一步。

但是，為了讓每個公民心中產生國際主義的傾向（這正是所有有效的抵抗策略之條件），我們還可以設想一系列的措施（或許會有些凌亂分歧），比如說：歐洲工會學校的創立；在每個工會組織裡，強化那些處理其他國家組織及負責收集、傳播國際資訊的特別單位；協調規則的逐

漸形成，在薪資上、工作及就業條件上（以便克服與薪資調整政策妥協的誘惑，或像在某些英國的企業裡，放棄工會權的誘惑）；依照那些從今以後存在於運輸部門（鐵路公路）的模式，去設立產業工會間的協調；在跨國企業裡，強化國際企業委員會，使之能對抗中央決策單位的派系壓力；鼓勵對移民的招聘政策及動員，因為做為政黨及工會策略目標及利益所在的移民，可以因此成為抗爭及改造的行動者，而不再被當做分裂因素或往民族主義、甚至是法西斯主義倒退的因素（即便是在較進步的組織裡）；承認並且將新的動員及行動形式國際化，如在公部門及私部門的工會（其分量依國家而有所不同）之間，建立協調及積極的合作關係；（工會及其他的）精神改造，以便打破對「社會」的狹隘定義（把社會化約為自閉的職場），把對工作的要求，和健康、居住、交通、教育、兩性關係、休閒結合在一起，在傳統上沒有集體保護機制的部門（服務部門、臨時工）裡，更積極於招聘人馬及重新工會化。

但是我們也不能跳過**一個統一的歐洲工會聯合會之建構**這樣一個看起來似乎是烏托邦的目標：這樣一個計畫，對刺激及引導集體制度的轉型及個人傾向的轉向（需要有這些個人傾向，才能「製造」歐洲社會運動）之集體研究，或許是十分必要的。事實上，不管是在思考工會主義，社會運動或各國在這些領域上的差異時，要建構如此的社會運動，最必要的前提條件，就是要摒棄所有習慣性的思考模式；最緊急的任務，就是創造新的思考及行動方式（在工作不穩定的逼迫之下）。做為一種新形式的社會紀律之基礎（來自不安全感及擔心失業，甚至連職場最具優勢者亦受到波及），普遍化的工作不穩定，可以成為一種新形式的團結互助之來源，特別是在引人憤慨的危機發生之時（為提供獲利優厚的企業股東足夠的利益，而大量解雇員工）。新的工會主義必須知道如何利用不穩定化政策的受害者之間所形成的新凝聚力（今天，在要求高度文化資本投資的職業裡，比如教育、醫療、傳媒業裡，不穩定化政策的受害者數目，不亞於在雇員及工人裡的受害者

數目）。但是事前必須盡可能地努力提出及傳播對所有策略的批判分析；這些策略經常十分微妙，甚至在不知情下，還是在與某些社會民主黨執政的政府合作下進行的。因為新支配模式的模糊策略，也如此地被類似策略的受害者——在社會各個階層——所執行，而使得這一批判性分析更加難以進行，或為被受害者所接受。雖然這一分析本來應該是要使受害人能看清其條件，而受害者包括負責教育學生但就業狀況極不穩定的老師、傾向於不穩定且邊緣化的學生，以及沒有社會擔保的社會工作者——他們負責陪伴及協助與其條件十分接近的人口等等，這些人都易於陷入共同的幻覺裡。

只有一個理性的烏托邦（如寄望提出一個真正的福利社會的歐洲），才能為工會鞏固廣泛的運動基礎，而這個可以鼓勵或強迫他們脫離短期狹隘的本位利益的運動基礎，正是他們今天所欠缺的（特別是為了搶占在服務市場及工會利益市場上最好的位置）。一個社會運動的普遍意志，不但能超越傳統組織的限制，特別是還能把失業者的

運動也整合進來，也只有這樣的意志，才能在國際領域上，有效地戰勝及阻擋財經勢力。最近的國際運動（歐洲失業者的遊行只不過是其中一個例子），或許就是在社會運動當中或之外，集體發現國際主義（或更精確地說，是思考行動模式的國際化）之根本必要性的第一個徵兆，雖然這個徵兆仍十分短暫。

巴黎，1999 年 6 月

美國模式的強行植入及其影響[*]

在歐洲所有國家所施行的，而且是世界銀行、國際貨幣基金和世貿組織在世界各地所強制執行的經濟政策，打的是經濟學權威的名號。事實上，這些政策是建基在一連串道德及政治的預設上，而這些預設來自一個特殊的歷史傳統，當今的美國正是這一傳統的代表。（談到這裡，為了避免誤解，我必須先澄清，我所說的一點也沒有反美的意思：我指的反美，是對一國人民或其某某代表根本且充滿成見的敵對。對美國的批判政策，事實上是反對一種支配關係，反對這種支配政策的流傳及灌輸，所以批判政策

* 發表於「以行動為由——Loccumer Kreis」研討會，德國，Loccum，1999年10月16-
  17日。

既能夠，也必須動員美國人和非美國人——也因此，過去反對「全球化」（globalization）政策的鬥爭上，通常也有美國的男男女女的介入。）

在形式上最純粹的經濟理論（也就是說，最形式化的經濟理論，即便如此，也從來不是它所相信的及所要人相信的那麼中立），和以其名而施行或透過其中介而被合法化的政策之間，是那些充滿著某個特定經濟世界（由一個特殊社會的歷史中所產生的）之預設的代理人及制度。由新自由主義的論述所建構成模式的經濟特性（即其普遍性的特性）*，其實是根植（embedded）在一個信仰價值系統及一種道德的世界觀（從某一個特殊的社會裡產生）裡，簡而言之，就是根植在一種**經濟的常識**裡，而這一常識本身又和某個特定的社會秩序之社會結構及認知結構有關。

由此而來的第一個結果是，到處施行的經濟政策模式，已把美國經濟的特例普遍化，因此而賦予美國經濟巨大的競爭優勢及實際優勢，甚至是象徵優勢，因為這一模式是以美國經濟的存在來合法化其存在；第二個結果是，

---

* 校譯者註：新自由主義（Néo-libéral），又稱「新經濟」，係指以美國芝加哥大學經濟系傅利曼（Milton Friedman）教授為中心的經濟學派，故又稱「芝加哥學派」。該派強調自由市場機能，謀求合理的經濟營運，主張全面開放市場、縮減政府社會福利支出，宣揚「天下沒有白吃的午餐」觀念。七○年代以來一直是美國的主流經濟理論思潮。

我們無法只批評這一模式而不去批評做為其典範的美國，而不立即招致譴責（特別是在德國，這一譴責即反擊所有被視為「反美主義者」）。這一模式是建基在某些預設上（這些預設看起來像是建基在理論上，且經過現實驗證的命題）。第一個預設：經濟是一個單獨分開的領域，且受普遍而自然的法則所支配，所以政府不應該阻擾之；第二個預設：市場是民主社會裡，能有效及公平地組織生產及交換的最佳工具；第三個預設：「**全球化**」要求國家支出的減少，特別是在有關就業及社會保險的社會權益上，因為這方面的開支，被認為耗費巨大且運作不佳。

只要脫離主流觀念下的象徵灌輸效果，就可以瞭解，這一模式不是靠純粹的經濟理論原則，而是一個特定的社會傳統之歷史特性（美國）。這一點，我想在這裡快速地帶過一筆。首先，一個**弱化的國家**（已經被縮到小得不能再小了），一直被極端自由主義的保守革命所削弱（從雷根開始，延續到柯林頓，特別是他的「**社會福利改革**」[Welfare Reform]，這一詞其實是一個委婉的反話，指的是

取消對最貧困者——像單身母親——的救濟），為這個充滿矛盾的社會帶來各種其特有的結果（這個在經濟上、科學上非常先進的社會，但在社會福利上、政治上卻非常落後）。我還會提到一系列一致的事實，其中會有一些指數：**肢體暴力的惡化**很難有效改善，因為民眾擁槍自重的情況極為氾濫（護衛槍枝擁有權的遊說團體之存在——國家槍枝協會[National Rifle Association, NRA]，擁有槍枝者的數目為七千萬人，而子彈所導致的死亡人數，每年平均三萬人，這些指數反應的是對私人暴力的容忍度，這是在先進國家所未見的）；國家放棄所有的經濟功能，出賣它所有的企業，把像健康、居住、安全、教育、文化——書、電影、廣播電視等**公共資產轉變成商業資產，把使用者轉變成客戶**，把公部門承包給私部門，放棄其縮短不平等的權力（不平等正急遽擴大），把社會福利的職權授權給下級權力單位（地區、市鎮等等），這一切是以往昔自由主義傳統的自力救濟（Self Help）之名（它是來自喀爾文教會之信仰，認為天助自助者）及保守主義對個人責任之讚

頌（例如傾向於把失業或經濟上的失敗歸咎於個人，而不是社會，正如舒爾特海斯[Franz Schultheis]所指出的，透過「就業能力」[employability]這一模糊的概念，要求每個人把自己放在市場上，有點像是讓自己成為自身的企業家，人被當成人力資本來看，結果是，那些被市場拒絕的人，因為內疚，而更加陷於不幸）；和讚揚此種「美國式民主」背道而馳的是，這種民主充滿嚴重的運作障礙，比如說：棄權票數極高、政黨資金的來源、依賴媒體及金錢、**遊說**所占的角色過重等等。

第二點，或許美國社會把「資本主義的精神」之發展與普遍化，推到其極端（韋伯[Max Weber]在美國開國元老之一富蘭克林[Benjamin Franklin, 1706-1790]身上找到資本主義精神的典範），以及把對資本擴張之讚揚轉變成一種「義務」（Calling）。終其一生，在所有實踐的領域，都要處處算計，而這種盤算心態出現在制度裡（例如我們所謂的「學術交易場」[Academic Market Place]），也出現在日常生活裡。

　　第三點，所有新自由主義思想的基礎──個人崇拜及「個人主義」，依照蘿斯（Dorothy Ross）的說法，它正是美國社會科學臆斷（doxa）的基礎之一[6]。經濟學建基在一種行動的哲學及方法論上的個人主義，只想也只能認識孤立的行動者有意地及有意識地盤算過的行動，並且針對有意地及有意識地提出的個人及自我的目標。至於由代表機關如政黨、工會或團體，還有國家等等──負責構思及強制集體意識及集體意願，協助凝聚力的強化所發起的行動，經濟學不但對其有理解上的障礙（即所謂「搭便車者」[Free Rider]的問題），而且傾向於把這些集體行動簡單地化約為**個人孤立的行動之總和**（因為不知道在集體行動中，如何識別出衝突之決議及構思模式，以及新形式社會組織的創新原則）。如此一來，經濟學就把政治排除在外，而政治也只剩下個人行為的總和（如同投票，這些行為是在孤立的投票室裡完成），就等於是超市裡孤獨的購買行為。經濟及政治經濟之間的關係所隱藏的哲學，其實是一種政治觀，這一政治觀在經濟（受市場流通及高效率之機

6 可參考 Dorothy Ross, *The Origins of American Social Science*, Cambridge, Harvard Univ. Press, 1998

制的管理）及社會（充滿傳統、權力及熱情等無法預測之任意性）之間劃出一條無法跨越的鴻溝。

第四點，依照蘿斯的說法，美國經典的另外一個論據基礎，是對美國社會秩序的彈性與活力之讚揚（與歐洲社會的僵化及害怕風險相反），會把效率和生產力聯結到一種**高度的彈性化**（和因一種高度的社會保險所帶來的局限性相反），甚至會把**社會不安全感當作是一種集體組織的正面原則**，這一原則可以產生最有效率及最具生產力的經濟行動者[7]。總之，工作關係是建立在不安全感的制度化（特別是那些新型式的工作合約），而越來越特殊化的工作關係，是為了適應公司及工作的特殊要求（工作時間長短及作息表、相對優勢、升遷的願景、績效評估方式、報酬方式、退休等等），這些，都造成受薪工作的去社會化，以及工作者有系統地被原子化。

最後，第五點，一個用不安全感來武裝自己，並且極端讚揚個人主義及自力救濟的社會，是一種**新達爾文主義**的具體代表（像貝克爾 [Gary Becker] 等的經濟學家，甚至

---

[7] 以丹麥不同傳統社會的地下經濟為例，若能結合高度的彈性做法及高標準的社會保障，依然會創造極高的生產力。

公然表達支持這種思想 —— 特別是在一篇叫做〈De Gustibus non est disputandum〉的文章裡），這一主義完全和社會運動史在歐洲社會的社會結構裡及認知結構裡所屬的團結合作觀點相反。

要瞭解這個模式是如何能普遍化，光是提及金融市場、跨國企業（特別是銀行）、國際組織（世界銀行、國際貨幣基金、世貿組織等等）及壟斷情況（共產主義的蘇聯瓦解後產生的）所強制的經濟壓力及限制是不夠的。必須要考慮到**智庫**（Think Tanks）、「專家」，特別是記者（透過新聞場域結構裡的約束力而間接地受制於主流的政治經濟勢力）所能生產的象徵影響。這些代理人及制度，依照各自的權限，灌輸思考的新類別，靠各種動機，像消極心態、科學主義、勢利（自相矛盾的），或更簡單地，保守主義，而這些都是在**歐洲人自己所形成的共犯結構**所造成的，透過這種邏輯，就不由令我們想起**殖民化**的共犯結構。

Loccum，1999年10月

催生介入的知識[*]

　　因為本人沒有太多的時間，也希望我的演講能夠盡可能地有效率，所以，我就直接切入那個我想在你們面前提出的問題：知識分子，精確地說：研究者，更精確地說：社會科學的專家，能不能或應不應該介入到政治圈，以及，在什麼樣的條件下，他們可以有效地介入？他們在國家層次，特別是國際層次的社會裡（也就是說，在今天，個人及社會的命運將被決定的層次）可以扮演什麼樣的角色？他們如何能協助創造一種新形式的政治行動？

　　第一點：為了避免誤解，必須清楚地提出，一個介入

---

* 〈一種介入的學識／催生介入的知識〉（A Scholarship with Committment. Pour un savoir engagé），美國現代語言協會（MLA）大會，「學識與介入」（Scholarship and Committment）研討會，芝加哥，1999年12月。

政治的研究者、藝術家或作家，並不必然會成為一個政治人物；依照法國作家左拉（Zola）在德雷福斯（Dreyfus）事件*所創立的模式，他會成為一個知識分子，或如我們在美國所說的，一個「公共知識分子」（public intellectual），也就是說將他的能力及特殊的權威，以及和他專業有關的價值（如追尋真理、無私等價值）運用在政治鬥爭裡的人，或者用另外一個說法，是實地去介入政治，卻不放棄研究者的要求及能力的人。（順帶一題的是，在英美傳統裡，我們時常把學術和獻身政治視為對立，這種對立是毫無道理的：藝術家、作家或學者在公共領域的介入——像愛因斯坦、羅素［Russell］或沙卡諾夫［Sakharov］——是可以在一個獻身於［committed］客觀性、正直、無私的「共同體」裡，找到其根源及基礎。而且，正是因為預設了對這些不成文的道德法規之尊重，再加上其專業能力，才使得學者具有社會權威）。

　　研究者如此介入政治，冒著讓以下這些人失望，甚至是得罪這些人的危險，包括那些在學術領域裡把政治介入

---

* 校譯者註：德雷福斯事件（Affaire de Dreyfus），法籍猶太軍官德雷福斯（Alfred Dreyfus, 1859-1935）1894年遭人誣告，被當成德國間諜將其逮捕，因無證據而處以流放。此一事件引發輿論大幅報導並劍拔弩張地分成兩派，最後還演變成政治危機。作家左拉（Émile Zola, 1840-1902）仗義執言，於1898年發表致總統公開信〈我

當作是價值不中立的人，以及對那些政界裡視其為其壟斷權力之威脅者，或更廣泛地說，所有對他的介入感到不安的人。總之，他冒著喚醒潛伏在各地有權勢者身上（銀行家、老闆、高官，以及記者身上、政治人物身上〔包括左派的政治人物〕、文化資本擁有者身上，甚至知識分子自己身上）各種形式的反知識分子情結。

　　但是譴責反知識分子情結（反知識分子情結之根源幾乎總是怨恨），並不能使知識分子免去所有的批評：知識分子可以也必須接受的批評，或用另一種說法，批判式的反省，是所有知識分子政治行動的一個絕對必要之前提。知識界必須不斷地批評所有的濫權，所有假借知識分子之權威的濫權，或者用我們比較喜歡的說法，知識界必須不斷地批評被當作政治武器來使用的知識權威；知識分子也必須接受對其學術偏見（Scholastic Bias）的批評，而這種偏見最惡劣的形式，與我們特別有關，即是沒有目標及作用的一種革命情懷傾向：事實上我認為，這種寬容又不切實際的衝動，使得我這一代的許多知識分子自甘盲目的遵

控訴）（J'accuse），聲援德雷福斯。1906年德氏終於獲判無罪。這一事件在法國一向被引為知識分子介入政治的最佳範例。

從政黨旳指令。它是直到今天，還一直有其影響，即我所謂的「校園激進主義」（Campus Radicalism），也就是說，混淆邏輯事物及事物之邏輯的傾向（依照馬克思毫不留情面的說法），或者更接近目前狀況的說法：把紙上革命或文字裡的革命當作是事物真實的革命。

　　一旦清楚地提出這些批判的前提（表面上看起來似乎是負面的），我想可以肯定地說，知識分子（我一直都是指那些介入政治行動的藝術家、作家及學者）對社會鬥爭來說是必要的，特別是因為今天面臨的是全新的支配形式。許多的歷史研究都指出智庫乃是主導今日世界的新自由主義意識形態，並在生產及灌輸上扮演舉足輕重的角色。若想要對抗這些保守派智庫的生產，以及有權勢者所指派的專家群，我們必須批判這種網絡式的生產，聚集類似傅柯（Foucault）所指的「特定的知識分子」，形成一個真正的知識分子集體，能定義自己的目標、思考的目的及其行動。總而言之，就是形成一個自主的集體。

　　這個集體的知識分子，首先，可以也必須完成一些負

面的功能，即批判的功能、努力生產，及散播對抗象徵支配力（今天這一支配力是用科學的權威來武裝自己）的防禦工具。因為有了整合集體的能力及權威，他才能夠去批評主流言論的邏輯，比如「全球化」、「彈性化」等字眼的邏輯及其論證，尤其是其隱喻的運用。他也可以延續前者從社會學角度來批評，把主流言論的生產者（從記者開始，特別是經濟記者）及其產品之社會決定條件曝光。最後他可以用一個真正的科學批判，來反對經濟專家自命科學的權威。

　　但是，他也可以完成一個正面的功能，也就是協助政治創新的集體工作。蘇聯政權的瓦解，以及在大多數歐洲及南美國家共產黨勢力的弱化，使得批判的思考因而能被解放出來。但是新自由主義的臆斷，卻填滿了所有解放出來的言論空間，使得批判的言論只能躲在學術的小圈圈裡自得其樂，而不能對任何人造成任何真實的影響。所以需要重建整個政治批判的思想，而這一工作，不能只是一個思想大師單獨的思想傑作，或由一個組織或制度所授權的

代言人，自行替沈默大眾發言。

集體知識分子便可以藉此協助去創造現實主義烏托邦之集體建構的社會條件，來扮演他不可替代的角色。他可以針對新形式政治行動、新的動員方式、如何使被動員的人一起共事、新的構思計畫及共同實踐方式等等，來組織集體研究。他可以扮演助產士的角色，協助一些工作小組，給予動力，並協助他們發表，同時去發覺他們是誰？及他們可能及應該扮演什麼角色？並積累廣闊的社會知識。他可以因此幫助新自由主義的受害者，在表面上大不相同的事件、經驗，及其不同影響之中，去找出同一根源，特別是為那些生活在其中的當事人，以及不同社會領域（醫學、教育、社會服務、司法界等等）相關的人士，不管是在同一國內或不同國家裡。

這一任務既迫切又艱難。事實上，要對抗的社會世界的表徵，是來自於一個真正的保守主義革命，正如三○年代德國的前納粹運動。負責雷根或柴契爾夫人或之後的克林頓、布萊爾、施洛德、喬斯潘等人政見之智庫，為了要

和「福利國」（Welfare State）傳統決裂，必然要進行一場真正的象徵意涵的反革命活動，並且提出一種荒謬的臆斷：實為保守主義者，卻表現得像是進步主義者，重建最守舊的過去（特別是在經濟關係上），並且把倒退當作改革或革命。在所有以拆毀「福利國」為目的的措施（也就是說，在就業、健康、社會保險、或教育等的立法上，去破壞所有的民主權益）上來看，當然是被看好的。要對抗這樣的政策，等於是冒著被視為古板的風險，因為我們護衛的是過去最進步的權益。情況更為矛盾的是，我們變成要去護衛那些我們希望改變的事物，像那些沒有人想要維持其現狀的民族國家及公共部門、工會，甚至是公立學校，這些都必須繼續受到最無情的批評。也因此當我在捍衛公立學校的同時，卻不斷提醒大家公立學校所擁有的保守功能時，有時候我會被懷疑背棄，或被指控為自相矛盾。

我覺得在對抗新的臆斷上及對抗那些整天把「**全球化**」及「**全球競爭**」掛在嘴上，那種純粹形式的世界主義上，學者應有一個決定性的角色可以扮演。這個表面的世界主

義，事實上只是在為統治者的利益服務：它是被拿來譴責
民族主義，即民族國家，犯下了政治不正確的倒退做法。
事實上，目前仍無一個世界國或一個藉由資金流動稅來資
助的世界銀行，國家力量是唯一能讓南韓或馬來西亞等新
興國家抵抗跨國公司的力量；這個表面的世界主義還可以
用來痛斥或醜化某些貧窮國家建立國家認同的努力，例如
把他們貼上伊斯蘭主義這一可恥的標籤。相對於這種口頭
的世界主義（也在兩性關係間泛濫，並且讓人民在面對國
際經濟勢力時，既孤立又無力），那些介入政治的學者可
以提出一種新的國際主義，這一國際主義能採用一種真正
的國際力量去正視那些必然屬於「全球化」的問題（像環
保問題、大氣污染、臭氧層、無法更新的資源、原子
塵），因為這些問題超越國家之間或階級之間的疆界；但
也包括經濟的問題或文化的問題（像新興國家的債務問
題、金錢勢力對文化生產及傳播的支配，加上電影及出版
之生產與傳播的集中化等等問題），可以聚集堅信世界主
義的知識分子，因為他們是真心地想把邁向普遍性（全球

化）的條件普及化，真正地跨越國家間的疆界，特別是富國與窮國之間的疆界。

　　為了達成這樣的目標，作家、藝術家，特別是研究者（因為其職業的關係，本來就比較傾向或比較適合超越國界），應該要超越介於學識和政治獻身之間的**神聖疆界**，還包括在他們腦子裡的疆界（這一疆界依照各國傳統而有程度深淺的不同），以便毅然決然地走出象牙塔，並和外界產生互動（特別是和工會、協會，及所有鬥爭中的團體產生互動）；他們不但不自滿於學術圈裡既隱密又極端，並且總是有些不切實際的政治衝突，而且還能去發掘一種雖不可能卻不可或缺的組合：介入的知識，即投身政治的學識（scholarship with committment），也就是說，一種介入政治領域的政策，但得盡可能地遵守現行科學領域之規則。因為行動時常會夾雜著的緊急性和模糊性，這種介入的知識只有透過能夠在國際間帶動研究者、藝術家及學者集體工作之組織，才能真正地且全然地實現。在這個集體的事業當中，學者或許占有至關緊要的角色，因為統治的

力量一直在引用科學的權威，特別是經濟的權威。但是作家，尤其是藝術家（特別是像哈克[Hans Haacke]及弗雷澤[Nancy Frazer]，只舉我的兩個美國朋友為例，他們早已把他們的才華用在批判的鬥爭裡）也有他們的位置，且是重要的位置。斯賓諾莎（B. Spinoza, 1632-1677）說過：「真正的想法並沒有內在本質的力量」，而社會學家不會認為他說錯了。但他也可以指出，在新的政治分工裡，在還待發掘的新政治行動裡，作家和藝術家或許可以扮演一個完全無法替代的角色：透過藝術的手段，賦予想法及批判性分析，去展現一種**象徵的力量**；並且凸顯一個受新自由主義哲學影響的政治措施所帶來的結果（仍然看不見，但在科學上已經是可以預測到的），一個**看得見及感覺得到**的形式。

做為結論，我想要提醒大家上個月在西雅圖世界貿易組織年會所發生的事。在不高估其重要性之下，我認為，我們可以在這個事件當中看到一個新的經驗、一個典範的經驗，這一經驗需要去分析，以便導出或許可以成為一個

國際政治行動之手段和目標的原理原則；當中，研究成果將可以被轉換為成功的政治示威運動，或甚至是一種新形式的專業反應（Agit Prop）介入工具。更廣泛地來說，是要導引出可以成為一個新的非政府組織的政治鬥爭策略，即透過對國際主義的徹底的介入（Committment）及對專業學識（Scholarship）全然的贊同。

巴黎—芝加哥，1999年12月

強勢者那隻看不見的手*

　　我們有一個銀行及銀行家的歐洲，一個企業及老闆的歐洲，一個治安和警察的歐洲，不久我們將會有一個軍隊和軍人的歐洲。但是，雖然有一個歐洲工會總會，我們卻不能說工會和社團的歐洲是真的存在。同樣地，雖然有無數個討論歐洲的研討會及談論歐洲問題的學術機構，但是藝術家、作家及學者的歐洲卻沒有像過去那樣大量存在。矛盾的是，這個建構在權力及強勢者周圍的歐洲，這個不太歐洲的歐洲，如果要批評它，很難不被視為反動的民族主義的守舊抗爭（雖然反動的民族主義也的確存在），甚

* 發表於由瑞士工會聯盟主辦的「捍衛社會福利的歐洲」研討會，2000年5月18日，蘇黎世；並於2000年6月10日再向德國柏林洪堡（Humboldt）大學學生演講。

至被指為替這一守舊抗爭換上現代或進步的面貌。

必須讓歐洲傳統裡最歐洲的部分存在，也就是說，一個社會批判的運動，這一運動能使歐洲的建構接受**有效率**的批判，也就是說，知識上、政治上夠強到使人聽到這個批判的聲音，因而產生真實的效果。這個批判目標不是要取消歐洲計畫，相反的，是要使它徹底化，藉此，使它更接近公民，特別是他們其中最年輕，最不沾政治的那些人——事實上，他們只是對政客所提供的政治及政客搞的政治感到反感。必須重新賦予政治一個意義，為此，必須提出未來的計畫，使之能賦予近年來遭受巨變的社會界、經濟界一個意義。

我們記得在三〇年代的時候，貝亞勒（Bearle）及梅昂（Means）描述經理人（Manager）的到來，不利於資產擁有者（Owner）及股東。今天，我們看到的是資產擁有者的重返，但這也只是**表象**：他們沒有比美國的經濟學家加爾布雷爾（J. Galbraith, 1908- ）所指的「技術結構」（technostructure）時代擁有更多的權力。事實上，經濟的

主人已經不是受制於獲利率的經理人（也就是說，可以因他們釋出的每季股價之高低而受致感謝或被解職的總經理），已不是這些依他們短期內所帶來的生意比例而付薪的幹部，他們每天得跟著股市行情上下，因為公司給他們的公司股（Stock-Option）受股市影響。但也不是資產擁有者（Owner），也就是說，那些「股東民主」神話所指的散戶。

而是大機構（退休基金、大保險公司，特別是在美國，集體投資基金、金融市場基金〔Money Market Funds〕，或互助基金〔Mutual Funds〕）的管理者，他們主宰了今天的金融資本場域，而在這個場域裡，金融資本是利益所在，也是一個可用的武器（正如某些特殊的文化資本，用一種高度的象徵效率，可以動員專業化的顧問、分析家及金融權威）。這些人因此擁有強大的施壓權，可以施壓於企業及國家。事實上他們能強制他們必須獲得的「資本股價最低保證收入」，正如洛爾東（Frédéric Lordon）諷刺地稱之，就像某種資本的最低股息[8]：出席在企業董事會裡

---

[8] 可參考 Frédéric Lordon, *Fonds de pension, piège à cons? Mirage de la démocratie actionnariale*（補助津貼基金：蠢人的陷阱？股票民主的幻景）, Paris, Raisons d'agir Éditions, 2000.

（Corporate Governance），他們受制於尋求最大獲利率（要達到投資資本的12%、15%，甚至18%）之邏輯所支配（這是他們所強制主導的邏輯），而這種獲利率只能靠解雇的方式來達成。他們因此把短期獲利之絕對必要（成為整個體系的具體目標），移轉到經理人身上，而無視經濟上，特別是人道上的結果。這些經理人再把這一風險轉到受薪者的身上，特別是透過資遣。總而言之，這個遊戲的主宰者受他們所支配的遊戲規則（獲利規則）所控制，這個場域像是某種沒有主體的惡魔機器，可以對國家及企業強施其法則。

在企業裡，也是短期利益的追尋決定了所有的選擇，特別是在雇用政策上，受制於彈性化的要求及流動性（短期契約或臨時工作的雇用）的要求，造成薪資關係的個人化[9]以及長期規畫的欠缺，尤其是在勞動力上。在「企業瘦身」的不斷威脅下，受薪者的一生都受到不安全感和不確定感的擺布。然而之前的系統穩固就業的安全感，以及相對來說算是高水準的薪資，因為這種薪資能藉著維持需

[9] 有關此觀點，可參考 Pierre Bourdieu, *Contre-feux*, Paris, Raisons d'agir Éditions, 1998, p. 111.

求來支撐經濟成長及獲利。反之，新的生產模式——讓獲利極大化，是靠薪資壓縮及解雇的方式來減低薪資總體。股東只擔心股市行情（其名義收入依賴之）以及價格穩定（必須使真實收入盡量維持在靠近名義收入的水準）。因此就建構了一種經濟體制（它和某種政治體制是不可分的），一種生產模式，其中包含一種建立在**制度化之不安全感**的支配模式，藉「不穩定」來支配：一個自由化的金融市場，有利於一個自由化的勞動市場，即有利於迫使勞動者順服的不穩定工作。

在企業裡，我們會接觸到一種利用不安全感來使勞動者處於風險、緊張及壓力狀態的理性管理。和「傳統」服務業及建築業的不穩定性不同，這種未來企業之**制度化的工作不穩定**，會變成工作組織的原則以及生活的型態。正如巴爾巴斯特（Gilles Balbastre）所指出的，某些電話銷售或電話行銷公司（其員工必須挨家挨戶打電話銷售產品），從生產力、控制、監視、工時、**職業缺席**上，制定一種真正的**服務業之泰勒主義制度**（taylorisme des services）。相對

於泰勒主義下的普通熟練工人，這些員工通常都具有一定的專業資格。而「新經濟」的普通熟練工人的典型，或許是超市出納員，她們因記帳的資訊化轉變成真正的生產線上的女工，其生產節奏被精確安排、計時、控制，而其作息時間表，是隨著顧客流動率的起伏而變動；她雖然沒有工廠女工的生計及生活風格，但是在新結構裡卻占據和工廠女工同等的位置。

透過這些助長消費主義世界觀的企業（這些企業不為其員工提供任何安全感），預告了一個接近新古典主義理論的社會哲學之經濟現實；就好像新古典經濟的速成的，個人主義的，超級主觀主義的哲學，在新自由主義政策中找到使自己成真的工具，並且創造驗證自己的條件。這一**長期不穩定的系統**，在結構上暴露於**風險**中（不只是因為和經濟泡沫有關的危機，無時無刻都像達摩克利斯之劍 [Épée de Damoclès]那樣在威脅著它）。順帶地，我們看到，當貝克（Ulrich Beck）及紀登斯（Anthony Giddens）大力讚揚風險社會的到來，並且把員工改造成充滿活力的小企

業家這一神話時，他們只不過是把透過經濟必要性而強制
於被統治者身上的規則（統治者對這些規則卻小心翼翼的
規避），建構成被統治者的實踐規範[10]。

　　但是這種新生產模式最重大的後果，就是造成一種二
元經濟（矛盾的是，這種二元經濟和我六〇年代在阿爾及
利亞所觀察到的二元論經濟，有諸多共通之處，一邊是一
大群工業後備軍，他們是由沒有職業、沒有前途、沒有個
人或集體的計畫而只能作白日夢——並非具有革命野心
——一窮二白的無產階級所組成的；另外一邊，是一小群
特權的穩定工作者，他們擁有一份可領一輩子的薪水）。
地位和收入的雙重性不斷地在擴大：服務業的下級工作，
薪資微薄，生產力低，不需專業資格或只需很低層次的資
格（依靠當場學習的方式來加速養成過程），而且也不保
證會有職業生涯。總之，正如戈爾茲（André Gorz）所說
的，在這樣一個「奴才社會」裡，可拋棄式的工作會越來
越多。根據加德雷（Jean Gadrey）所引用的一份美國調
查，在三十個增加最多的工作裡，有十七個工作不需要任

10 在法國針對風險與社會不安全的稱頌，可參考François Ewald et Denis Kessler, "Les
　 noces du risque et de la politique"（風險與政治的婚禮）, *Le Débat*《辯論》, 109, mars-
　 avril 2000, pp. 55-72.

何資格，有八個工作需要高級資格[11]。在社會空間的另外一端，那些既是統治者也是被統治者階級，亦即幹部階級，則承受新的異化方式。他們占有一個曖昧的位置，相當於這個結構另一狀況下的小資產階級，這一狀況造成組織化的自我剝削形式（在美國每年平均工時的增加，伴隨著休閒時間的縮減：他們賺很多錢，但是沒有時間花錢）。他們雖然工作過度、壓力大、受解雇的威脅，卻被綁在企業裡。

不管新經濟的先知是怎麼說的，這種二元主義在資訊業的社會使用上看得最清楚。新經濟及矽谷觀點的頌揚者，傾向於把今天可觀察到的社會經濟變動看成科技的必然結果，然而，這些變動是社會上、經濟上受限定的社會使用所造成之結果。事實上，這一點也不是前所未有的新事物，社會秩序裡的結構性限制──如文化資本及學校資本的傳承邏輯，是真正地掌控新工具的條件，不管是技術或金融的工具──繼續影響現在，塑造出奇的新事物。

對資訊使用者及資訊運用的統計分析指出，「互動者」

---

11 可參考 Jean Gadrey, *Nouvelle économie, nouveau mythe?*（新經濟，新迷思？）, Paris, Flammarion. 2000. p. 90.

（interacteurs）及「互相作用」（interagis）之間，有一道巨大的鴻溝，而這是文化資本不平均的分配所造成的，歸根就柢來說，正是學校系統及家庭資本傳承所造成的[12]。資訊模組的使用者，是一個不到三十五歲的男人，受過高等教育，高收入，住在城市而且會說英文。在寫程式高手和資訊生產線的新勞動者（像三班制的電話助理，以便維持商店的熱線可以二十四小時全天候接聽，或填補年鑑資料的上網搜尋資料者，或執行複製、貼上的整合者等等，這些人被原子化，被孤立，沒有任何代言人或人事代表，所以也是人事變動的對象）之間，幾乎沒有任何共同之處。同樣地，在經濟及金融使用上，有些人通曉網際網路，擁有讓他們可以在家裡交易及執行銀行作業的電腦及軟體，與他們相對的是那群被排除在網路外的人。認為網際網路可以改變全球貧富關係的這一神話，赤裸裸地被事實所揭穿：在1997年，全世界最有錢的20%的人口當中，93.3%是網際網路使用者，而20%最貧窮的人口當中，只有0.2%的網路使用者。國家層次或個人層次的軟體方面，倚靠的

---

12 此點本人係採用Michel Gollac的研究，尤其是刊在 *Actes de la recherche en sciences sociales* 《社會科學研究論集》，"L'informatique au travail"(工作上的電腦資訊)專題，No. 134, septembre 2000.

是教育系統及實驗室等十分真實的結構，這還不包括銀行及企業。

　　在最有錢的社會裡，這種二元化，有一大部分是依靠文化資本不平均的分配，文化資本不只繼續大大地決定了分工，而且還形成社會正統論非常強大的一個工具。統治階級的趾高氣昂，或許正是因為擁有非常強勢的文化資本（包括學校及非學校的來源），使他們覺得可以理直氣壯地如此存在（新資產階級征服者的典範，可以是比爾蓋茲）。文憑不只是學校貴族的一個頭銜，它還可以被視為一種天賦異稟的保證。因此，新經濟擁有所有看起來是世界最優秀的特性（依照赫胥黎[Huxley]的說法）：它是全球性的，那些支配它的人，是國際化的、通曉多國語言的、受多種文化薰陶的（相對於地區性的、國家的或省級的）；它是「軟體」的，它生產軟體（資訊、文化產品）並使之流通。它也可以看起來像是一種知識經濟，保留給擁有「知識」的人的經濟（這使它吸引「走在時代尖端的」記者及幹部的好感）。在這裡，社會正統論近似一種知識

的種族主義。從今以後，窮人不再像十九世紀的窮人是因為缺乏遠見、愛亂花錢、不知節制等等，才變成窮人的，而是因為他們太笨、知識上無能、白癡。總之，他們的笨使他們「窮」有應得。某些經濟學家，像貝克（Gary Becker），能在一種新達爾文主義（使經濟理論所預設的理性，成為優勝劣敗下自然篩選的結果）裡，找到「最好及最優秀者」（the best and the brightest）的統治之最佳辯護。其結果便是當經濟從數學（它成為社會選擇最主要的工具之一）中獲得現狀的知識統治最不容置疑的辯護時，一切等於回到起點。如此強勢之統治（可以仗恃像理性一樣普遍化的支配及合法化原則，而這一原則由學校系統繼續採行）的受害者，使他們的自我形象嚴重受損。或許正是透過這種迂迴的方式，才能在新自由主義政策和某些依靠國家民族主義庇蔭的法西斯式的反抗（這些人自覺被現代性及智慧排斥在外）之間，建立最難以察覺或難以瞭解的關係。

（事實上，如果新自由主義觀點很難有效地制服，這

是因為做為保守主義的新自由主義，看起來卻像是進步主義，而且它可以把所有對它的批評，特別是那些指責它破壞過去所爭取到之社會權益的批評，一概斥之為保守主義或守舊者。也因此，仗恃社會民主的政府，可以把指責他們背棄社會主義政見的那些批評，和在這個背棄之下受害者的批評，以及批判他們自以為是社會主義者的指責全部混為一談。）

新自由主義的目的在摧毀社會福利國家，即國家的左手（很容易證明國家的左手是受支配者的利益的保證人，這些受支配者包括文化上及經濟上一無所有的人、女人、被蔑視的少數民族）。最好的例子，是受新自由主義政策兩面攻擊的醫療領域，新自由主義政策一方面助長疾病和病患的增加（透過貧苦——結構性原因——及疾病間的相關性：酗酒、吸毒、犯罪、工作意外傷害等等），一方面減低醫療及治療資源（這正是俄國的例子，在俄國，平均壽命在十年之間減低了十歲；另外還有英國的例子）。

在某些歐洲國家，像法國，我們可以看到一種多功能

的社會工作新形式開始出現，伴隨著這一現象的是集體轉向新自由主義：一方面，如同過去的國家工場，讓沒有高文憑的熱心人士忙著去收編占據對等位置的人；另一方面，哄騙及整編被學校淘汰的人，提供這些人工作的幻想，使他們成為沒有薪水的雇員，成為沒有公司的老闆，作一輩子的學生，永遠沒有希望拿到文憑或資格。所有這些社會收編的形式，鼓勵一種集體的自我催眠（特別是透過工作與非工作之間、學業與工作之間的界線之模糊化），以及一種對虛假世界（「計畫」這一概念是其代表）的信仰，而其基礎，是靠一種「慈善」的社會哲學及一種軟性的社會學（自以為是有內涵的社會學），這一社會學，雖試圖採取它想鼓動之對象的觀點（行動社會學），卻只是把社會工作的神祕化及具有哄騙效果的觀點變成其觀點（嚴謹的社會學則與之相反，看起來像是悲觀的決定論，因為它考量到結構及其作用）。

面對如此一個複雜及精密的支配模式（當中，象徵權力占據如此重要的地位），必須發掘新的鬥爭形式。因為

「點子」在這一機制中所占的特殊位置，研究者可以扮演一個重要的角色。為此，他們必須協助賦予政治行動新的目標——打倒主流信仰——及新的手段——建基在研究及科學工作之掌控的技術性武器，及象徵性的武器，以便藉著賦予研究成果一個具體的形式，來動搖一般流行的信仰。

尚待創立的歐洲社會運動，是以一個烏托邦為目標，也就是說，建構一個歐洲，於其中，所有的社會批判力量（目前仍非常分歧與分散），將被整合和組織在一起，形成一股批判運動的力量；這個運動之所以有些烏托邦，是因為這樣一個聯盟的建立，本身就困難重重——語言上、經濟上及技術上的困難。運動的多元性及複雜度（各運動的目標可能部分或全部與我們的目標相同），事實上正是創建一個目標在於團結及整合（而非兼併或壟斷）的集體事業最首要的理由，同時可以一起努力幫助介入這個領域的個人及組織去超越彼此的競爭。事實上，要先提出由研究者和行動者共同構思的一系列協調的替代提案（同時避免

前者為後者所利用，或反之），這些提案要能整合社會運動、超越國家傳統之間、每個國家境面、職業及社會類別（特別是勞動者及失業者）之間、性別、世代、族群（外來者及當地人）之間的分歧。唯有靠能協調所有社會運動既是理論又是實踐的批判活動（這些社會運動是為了想要彌補當權的社會民主黨的去政治化行動之缺失而誕生的）之龐大集體力量，才能創立多層次（國際、國家、地區等各層次）的研究、討論、動員結構，藉此，一點一點地使推動政治的新方式，能進入事物及精神之中。

蘇黎世，2000年5月；柏林，2000年6月

反對去政治化的政策

　　所有我們以全球化之名（不管是描述性的還是規範性的）所描述的現象，並不是某種經濟宿命所造成的，而是一種有意識的政策，雖然大部分的時候我們都沒有意識到其後果。更矛盾的是，既然是一種去政治化的政策（無恥地擷取自由、自由化、鬆綁等等詞彙），其目的在於賦予經濟決定論一種不可避免的掌控力，使得經濟決定論解脫出所有的控制，並且使得政府及公民對如此解放的社會經濟力量低頭臣服。正是這一政策（在大型的國際組織，像世貿組織、歐盟執委會，甚至在跨國企業網絡中所構思出

來的），強制到（透過各種不同的方式，特別是司法）經濟先進國家的自由派或社會民主黨的政府身上，使得他們一點一滴地被剝奪控制經濟力量的權力。

要對抗這個去政治化的政策，必須重建政治，也就是要重建政治的思考及行動，並為這一行動找出正確的施行之處（今後將是超出國家疆界的地方）及其特殊資源（不能只限於民族國家內的政治鬥爭及象徵鬥爭）。不可諱言的，這個任務十分艱鉅，原因有很多：首先，是因為我們要對抗的政治機構（不只是在地理上），離我們非常遙遠，而且一點也不像傳統鬥爭所面對的機構（不管是在方法上或人員上）。接著，是因為操控今日經濟社會之人員及機制的權力，是建基在所有種類資本（經濟的、政治的、軍事的、文化的、科學的、技術的資本）的高度集中（一種史無前例的象徵支配之基礎）之上。其象徵支配特別是透過媒體來執行的，但是媒體本身也受到大型國際公關公司以及使其相對立的競爭邏輯所操縱，雖然媒體本身並不自覺。

無論如何，有效的政治行動的目標，是存在歐洲這個層次上──至少歐洲企業及組織是構成世界這個層次之主流力量決定性的一部分。隨之而來的是，統一的歐洲社會運動（能整合目前分裂的各種運動）之建構，不管是在國家的層次上還是國際層次上，必須要能成為所有想要有效對抗主流力量者的一個合理目標[13]。

一個開放的協調

社會運動在目標上、起源上及計畫上再怎麼分歧，都有一些共同的特徵，使它們聚在一起。首先，特別是因為社會運動通常是從拒絕政治動員的傳統形式（尤其是那些延續蘇聯政黨模式之傳統的政治動員形式）而產生的，所以這些運動傾向於排除所有形式的少數壟斷，而偏好所有當事人的直接參與（這一部分要歸功於一種新形式的領導之出現，他們的政治文化，大大地超越傳統負責人的水平，所以能聽到及傳達一種新的社會期待）。就這一點而

[13] 本人稍後將論及如何替歐洲社會運動選擇定位（見本書頁79-84）。

言，頗接近極端自由主義，這些運動重視自治的組織形式，其組織特色是機制的輕巧，使得成員可以重新掌握其主動性的角色，特別是這和他們所抗議的政黨（對政治介入的壟斷）大為不同。第二個共同特徵，在目標及手段上，他們創新獨特的行動模式，使其帶有濃厚的象徵意涵。他們朝向社會生活裡清楚、具體而重要的目標（居住、就業、健康、非法移民等等的問題），並試圖帶來直接而實際的解決方式；他們小心謹慎地關注其抗拒的東西（被當成提議）是否落實在某些引為範例的行動裡，而其行動直接聯繫於切身有關的問題，使活動分子及負責人能有高度的個人參與度。最後，這些人當中有一大部分的人變得善於創造事件，以及將重要焦點戲劇化，以便吸引媒體的注意力，間接地也吸引政治的注意力，這都要歸功於他們對媒體運作的高度瞭解。但這並不意味著這些社會運動，徹頭徹尾只是由一小撮人利用媒體所造假出來的。事實上，對媒體實際的運用是和運動（長久以來處於像政黨及工會等「傳統」運動的邊陲，雖然有時會獲得這些傳統

運動邊陲及少數一部分人的合作和支持）結合在一起，使得運動能藉機取得更高的能見度，並得以擴展其群眾基礎。最引人注目的是，這些新的運動，能立即帶有一種國際的形式，一部分是靠其典範效果，一部分是因為其創新能一起超越疆界，正如居住權鬥爭的例子。（無論如何，新形式鬥爭的特殊性在於其本身所具有的新聞報導價值，雖然有時是媒體在違其本意的情況下所造成的；另外，示威者的數目也不再比示威運動在媒體上及政治上所能引起的回音來得重要，有時即便只是報紙上的一篇報導。但是媒體的能見度本身必然是片段及偏頗的，特別是短暫的。雖然有發言人被訪問，有幾個不怎麼樣的報導被播出，但是運動的訴求很少在公眾辯論中被嚴肅對待，最主要是因為媒體轉播及理解上的限制。這也是為什麼必須在持續之中，而非依賴媒體的偶發性，進行運動及理論的建構。）第三個典型的特徵是，他們拒絕新自由主義政策（這一政策以強制大型機構投資者或跨國企業投資者之意志為目的）。第四點特徵，在不同程度上他們也算是國際化的或

國際主義者。（這在失業者運動或帶頭激烈搗毀麥當勞速
食餐廳而出名的博韋 [José Bové] 所帶動的農民聯盟運動裡
特別明顯，在那裡，不只有保護法國小農的意願及情感，
也有保護拉丁美洲無土地農民的意願及情感等等。所有這
些運動既是特殊主義也是國際主義；他們並不只是捍衛孤
立的歐洲，而是透過歐洲，去捍衛某種形式的經濟社會管
理，而這種管理形式必須和其他國家如南韓——許多南韓
人民需要跨洲的相互支援——產生聯繫。）最後一個共同
的特點是，他們讚揚團結互助，而這正是他們大部分的抗
爭當中，心照不宣的原則，他們盡力透過其行動，救濟所
有的匱乏者，並以其所有的組織形式來實現之。

　　看到政治目的與手段如此地相近，使我們就算不能統
一所有運動者（特別是其中最年輕者）分散各地卻相互重
複的運動（或許既不可能亦不適當），至少也要協調——
排除所有占有的企圖——其訴求及行動。這一協調應該要
採取網絡的形式，在沒有人能獨霸或貶低其他人的狀況之
下，聯結個人及組織。如此一來，和經驗、觀點及計畫之

多元性有關的所有資源才能保留下來。這一協調的主要功能，是要使社會運動能脫離行動的分化及分散性，以及零零星星之地區行動的特殊化，使這些運動能超越間歇性，超越動員密集時期及運動潛伏期的交替性，但也不去遷就官僚式的集中。

目前有許多串聯及共同行動，但這些運動仍分散在各國之內，更不用說在國家之間。例如在每個國家裡，有許多報章雜誌（還不說網站），對歐洲及世界未來有許多分析、建議及提議，但是這些都十分零散，沒有人全部看得完。這些輿論製造者，彼此相互競爭、相互批評，其實他們的貢獻是互補的，而且是可以積累起來的。統治者可以旅行，他們有錢而且操多國語言，他們之間因文化及生活型態的氣味相投而聯繫在一起。與之相對的是那些被語言障礙或社會隔閡所分散及分裂的人。集結這些人雖有必要，卻十分困難，障礙重重。事實上，許多進步的力量，許多抵抗的結構──第一個就是工會──和民族國家是聯結在一起的。不只是制度結構，而且是心態結構。人們習

慣在國家這個層級上抗爭。問題在於跨國界動員的新結構
是否能帶動傳統的國家結構。能確定的是,這個社會運動
必須利用國家並藉此改變國家,利用工會並藉此改變工
會,這個工作艱辛,且一大部分是理論的工作。研究者的
功能之一,或許就是(理想上)扮演社會運動的組織顧
問,幫助不同組織超越彼此之間的紛爭。

　　持續而有彈性的協調,應有兩個不同的目標:一方
面,依特定狀況所需的會面,組織一系列短期行動,並導
向一個明確的目標;另一方面,使總體利益的問題付之討
論,並在所有相關組織之代表的定期聚會裡,努力建構長
期的研究計畫。事實上,就是要在所有組織所關心的問題
交集處,去發掘及構思整體的目標,讓所有的人都能加入
及合作,並奉獻其專長及特殊的方法。我們可以期待,從
接受共同前提的個人及組織的民主對抗之中,應會逐漸導
出一系列對基礎問題的一致及合理的回答,而工會及政黨
卻無法對這些基礎問題提出整體的解決方案。

一個革新的工會主義

　　一個歐洲社會運動若少了革新的工會主義——能超越內外障礙並在歐洲這一層次上得到強化及統一——之參與，是無法想像的。把工會主義之沒落視為其勝利之間接及遲來的效果，其實只是表面上的矛盾：許多工會鬥爭的訴求成為制度以後，因為是義務或權利的基礎（例如那些觸及社會保險的權益），也變成工會之間利益鬥爭的焦點。工會官僚變成近似國家的機構，通常又有國家的補助，也介入財富的再分配，強化社會妥協，避免決裂及對立。而那些工會負責人，當他們變成人民利益遙遠的管理者之後，常會陷入機構間或機構內的競爭邏輯，而去捍衛他們自身的利益，而非他們該去捍衛的利益。這就造成了一部分工會人員的離心，使參與工會者不願積極參與組織活動。

　　但是這些內部的原因，還不足以解釋為什麼加入工會者會越來越少及越來越不積極。新自由主義政策也使工會

更加弱化、彈性化，特別是越來越多的工作不穩定化，及隨之而來的工作環境及規範之改變，這些都使得一致協調的行動，甚至簡單的資訊傳遞工作，都變得困難重重，然而殘存的社會救助仍繼續保護一部分的受薪者。這也說明了工會行動革新之必要性及艱難度，因為這不只需要職務的輪替、質疑無條件的委任模式，還需要新技巧的發明，才能動員既分裂又不穩定的勞動者。

要創造某個全新的組織模式，必須要能超越目標之間及國與國之間的分裂，以及在運動之間和工會之間的劃分，同時，不但要避免壟斷（或更精確地說，避免收編的企圖及慾望）──所有的社會運動、工會運動及其他運動都害怕這點，也要避免墨守成規──通常是因為擔心這些可能的危險性所造成的反應。工會及運動既穩定且有效率的國際網絡，像由各級代表組成的歐洲社會運動的討論及協商機制，應該可以發展出一個國際請願行動，這將會是完全不同於某些工會的官方組織（像歐洲工會聯合會）之行動，並且這一個國際請願行動也將整合所有不斷面臨特

殊（因而是有限的）狀況的運動。

結合研究者及活躍分子

為了要克服社會運動分裂，及為了集結所有可用之力量（以對抗有意識、有組織地協調的統治勢力）的工作，也必須用來對抗另外一種同樣有害的分裂，就是研究者和運動活躍分子間的分裂。在政治與經濟的權力關係中，經濟權力能使空前的科學資源、技術資源、文化資源為其所用。因此，研究者的工作在發掘及拆解跨國企業及國際組織（像世貿組織，想製造及強制放諸四海皆準的條例，並藉此一點一滴地使全面開放的新自由主義烏托邦成為現實）所策劃及施行的策略上，是不可或缺的。要讓研究者及運動活躍分子彼此相接近的社會障礙，不會比不同運動之間或運動與工會之間的障礙要來得小：研究者及運動活躍分子之間的養成及社會經歷並不相同，因此，介入運動的研究者及投入在研究事業上的運動活躍分子，必須學習

一起工作，一起克服彼此之間所有負面的偏見，並脫離成規及跳脫各自領域之預設（各領域有其不同的邏輯與法則），這些都需要新型態的溝通及辯論模式的建立。有了這個條件，才能在經驗與能力的批判對峙中一起找到一個全備性的答案，而這些答案之所以有政治力量，是因為能有系統地被建構，並且深植於共同的信仰及期待之中。

只有一個擁有所有力量一起積累起來的歐洲社會運動（在各國各個組織中，在特定的討論及資訊交換的場所，像全國各級會議，一起構思出來的資訊及批判工具之中，才能有所有積累的力量），才能對抗跨國企業及其專家、法學家及顧問所集結成的公關公司、研究室及遊說團等等經濟力量及知識力量。也才能用一個歐洲社會福利國家政治上及經濟上民主的目標（擁有必要的政治、司法、財金工具，以制止狹隘經濟利益的野蠻及粗暴的力量），來取代追求近利之機構所強制的目標。對歐洲社會運動全國會議（請參見網站：www.samizdat.net/mse）之呼籲，正是從這一觀點出發。它並不以代表歐洲所有社會運動為目的，

更不是為了要壟斷這些運動（半調子的蘇聯主義所重視的「民主集中派」之優良傳統），而是要實際地協助歐洲社會運動的產生，藉著不斷地整合抗爭的社會力量，來抗衡當今為「全球化」政策而動員的經濟文化力量。

（巴黎，2000年7月）

模糊的歐洲：重回一個歐洲層次的行動[14]

歐洲非常模糊，模糊到快消失不見，特別是當我們從一個動態的觀點來看待歐洲時。一方面，對主流的經濟政治勢力來說，有一個自主的歐洲能在世界這個層次上，扮演一個政治的角色；另一方面，有某種關稅聯盟而和美國聯結的歐洲，因此，落入類似加拿大的命運，也就是說，逐漸地被剝奪所有經濟上、文化上相對於主流勢力的獨立性。事實上，真正歐洲人的歐洲反倒像是為了掩藏歐美歐洲（Europe euro-américaine）的一種騙局。事實上，它已逐漸成型，而也有助於它獲得其所期待的；但它所獲得的一

14 本段為2000年11月在維也納發表，有關採取行動的大綱領。

切卻與它所從事的、所正在形成的背道而馳。

　　除了完全不可能會有的斷裂，這一切開始讓我們相信，引導歐洲屈服於美國勢力（「大西洋兩岸商業對話」象徵化及具體化了這一勢力，這個組織聚集了一百五十個大型的歐美企業，其目標在消弭世界商業及投資的障礙）的這一潮流將大獲全勝。事實上，因為美國高度集中所有種類的資本，所以能宰制世界經濟場域。這特別是要歸功於像服務業總協定（Accord genéral sur le commerce des services, AGCS）這類政治司法機制，這些進展中的管理規章（目標在限制自由「流通」的障礙）及條文（刻意使之晦澀不明，且在最不為人知的情況下完成的條文，規定了一些有「滯留效果」的措施，類似於毀壞司法防禦系統的電腦病毒），正為了某種看不見的世界政府之到來而作準備，以便為主流經濟勢力服務（這完全和康德普遍國家之概念背道而馳）。

　　和「全球化政策將會讓國家的角色日益遞減」這一流行想法相反，事實上，國家繼續在為削弱自身的這個政策

扮演著一個決定性的角色。令人注目的是，剝奪國家以為金融市場服務的政策，正是由國家所頒訂的，更甚的是，還是由社會黨政府所決定的。這意味著國家，特別是由社會民主黨主政的國家，不只是透過社會福利國家的破壞（尤其是勞動者及婦女的權益之破壞）來助長新自由主義的勝利，還掩藏他們到手的權力。但是國家還會提出一種騙局：把公民的注意力轉向虛假的目標（完全是國內辯論，其中最典型的代表就是圍繞法國的左右共治這一主題的討論），而造成這個現象的原因有：歐洲公共空間的不存在，政治、媒體、工會結構純粹國家的特性等等（必須要指出的是，對銷售量的關注，使報紙更傾向自閉於國內政治——通常是政客的政治——這現象根深柢固地存在於家庭、教堂、學校或工會等制度結構裡）。

這一切造成了政策越來越遠離一般公民，從國家（或從地方）轉到國際，從即時的具體事物，轉到遠方的抽象事物，從看得見的轉到看不見的。而個人的行動，或像沙特的說法，三句話不離民主及公民控制的那些人所提及的

一連串的行動，在面對主流經濟勢力及為其服務的遊說團之前，都變得無舉足輕重且效果不彰。隨之而來最重要最困難的問題之一，就是要知道政治行動應該在那個層次進行：在地方層次、國家層次、歐洲層次，或世界層次？事實上，科學的必要性已與政治的必要性配合，使得因果關連的追溯回到最普遍的因素，也就是說，有關現象最基礎因素所在之處，在今天就是世界這一層次，而這正是以改造這一現象為目的的行動真正的運作點。因此，舉例來說，有關移民的問題，若只視其為國家這個層次，毫無疑問的我們只能掌握到次要的因素，像民族國家之政策，不但隨著統治者的利益而變動，而且遺漏掉最主要的因素，亦即新自由主義政策之效果，或更精確地說，所謂的結構調整政策，特別是民營化政策，其結果是，令許多國家的經濟崩盤造成大量的資遣，助長大量被迫的移民潮，及世界失業後備軍的形成（如非法移民者），嚴重影響國內勞動力（亦被不穩定化）及國內薪資要求。而此刻統治機構卻毫無掩飾地表達其對傳統移民方式的懷舊（特別是在世

貿組織條文裡），也就是說，那些可拋棄式的、臨時的、單身的、沒有家庭負擔的、沒有社會保險（正如那些非法移民）的勞動者所形成的移民潮，目的在為主流經濟裡操勞過度的幹部，提供他們所需的賤價服務（其中一大部分為女性勞工）。但是我們可以針對婦女及她們所受的不公平待遇提出類似的論證而看清一些事情，例如，因為她們和「國家的左手」關係密切（工作上，女性在健康、教育、文化等部門的代表性高，在服務上，目前性別分工狀態使她們特別需要托兒所、醫院、社會服務等），所以社會福利國家一旦瓦解，她們將是第一個受害者（被支配的族群也面臨同樣的情形，像美國的黑人，如華克康[Loïc Wacquant]所觀察到的，黑人中產階級的再生產是靠公職，他們在爭取到民權之後，其中產階級數量的增加，主要是依賴政府部門公務員職務，所以他們也會因為公職的減少而受苦）。至於政治行動，如果想要避免陷入誘餌，及避免在沒有效率的行動中敷衍了事，則必須回歸到真正的原因，亦即最具有效率之處。但是，像發生在西雅圖的反全

球化行動，把行動提升到最高層次，也就是說，去對抗看不見的世界政府機構，是很難組織起來的，這些行動也不易持久，因為就算利用組織及網絡，這些行動通常只是個人力量的加總而已。

這也是為什麼我覺得，首先，如果要使行動有效率，應該要在歐洲這個層次來行動，第二點，為了避免局限在突發的事件（具有象徵效果，但短暫而且不具連續性）上，這些行動必須建基在一種已經集中的社會力量之協商，也就是說，已經存在於歐洲的社會運動之集合。這些歸功於集體協調的集體行動，必須努力建構一種具有公信力的抗衡力，也就是一個能使歐洲政治空間存在（目前仍無）的歐洲社會運動（「統一的」或「協調的」；所以是「一個」歐洲社會運動），而這一運動，是靠一種理論的工作來設定一個真正社會福利的歐洲之政治及社會福利目標（例如用一個由普選選出的國會負責的真正行政權，來取代歐盟執委會）。

維也納，2000 年 11 月

製造小麻煩*

　　如果我說今天文化已瀕臨危險，文化被金錢、商業、唯利是圖的心態、八面玲瓏、收視率、市場調查、廣告客戶的期待、銷售量、暢銷排行榜等等的宰制所威脅，人們會說我太誇大其詞了。

　　如果我說，簽署使文化作品化約為通俗商品的國際協定（雖然這些國際協定對適用於玉米、香蕉或柑橘等一般產品的法律還說得過去），等於是使文化及精神層次下降（雖然可能沒有被意識到），人們又會說我太誇大其詞了。

　　如果我說，編輯、影片製作人、影評、發行商、廣播

* 刊於《電視週刊》（ Télérama ）第2647期，2000年10月4日，頁159。

電視電台負責人，迫不及待地屈服於商業銷售的律法，也就是說，追求暢銷排行榜或媒體能見度，不擇代價地追求一炮而紅，只想一味討好。如果我說所有這些人都和市場愚蠢的力量一起狼狽為奸，為其喝采歡呼，人們會說我太誇大其詞了。

然而……

如果我現在要提醒大家，要制止這種惡性循環，只有靠所有那些對文化、藝術、文學事物還有一點權力的人，在他們的崗位，以他們的方式，就算再怎麼微不足道，也要在這個運作極好的共犯結構裡，製造一點小麻煩，如果我最後還要加上一句，那些有幸可以在《電視週刊》（*Télérama*）這本評論雜誌工作的人（不必然要在最高的位置，或最耀眼的位置），因為他們的信仰及傳統，將會最適合這個麻煩製造的工作，人們或許會說我實在是過度樂觀了。

然而……

巴黎，2000 年，9 月

危急中的文化*

　　我時常提防那些想要宣告及揭發目前及將來之惡的社會科學專家。但是我覺得自己的工作邏輯，常使我超越自己為了客觀性而定的界線，而且這一客觀性的想法，對我而言越來越像一種自我審查的形式。因此，今天，在文化受到威脅，且這些威脅受到大多數人（甚至包括作家、藝術家、學者等等最重要的當事人）的忽略之時，我便覺得有必要從最先進的研究觀點，盡可能地讓人們知道所謂的全球化過程對文化之影響結果。

* 發表於南韓大田基金會（The Daesan Foundation）主辦「國際文學論壇」，漢城，2000年9月26-29日。

自主性受到威脅

我已經描述且分析過（特別是在我的著作《藝術的法則》[Les Règles de lárt] 裡），一些西方國家經過漫長的自主化過程，所構成那些我所謂的文學場域、科學場域或藝術場域。這些場域是遵守它們特有的法則（這是「自主」這個字在詞源上的意義），而這些法則和周遭的社會法則有所不同，特別是在經濟層面上，例如文學場域或藝術場域（至少在它們最自主的區域裡）大大地超越金錢和利益的法則。我也一直強調，這個過程並非是黑格爾式的直線性發展，而且邁向自主性的進展，可能會突然被中斷，正如我們所看到的，每次只要出現一個專制政權，就能剝奪藝術界過去所爭取到的成果。但是今天，在所有已發展的世界裡，藝術生產界所碰到的是某種史無前例的新東西。事實上，好不容易爭取到的文化生產及傳播自主性（相對於經濟必要性的自主性），在面對商業邏輯的威脅，甚至連

文化自身的原則、文化產品的生產到流通的每一個階段，都受此威脅。

新自由主義福音的先知公開主張，文化方面正如其他方面，市場邏輯只會帶來好處。他們否認文化產品的特殊性（不管是默默地或明目張膽地否認，正如他們反對對書籍的任何保護），同時他們還斷言，科技新發明及利用這些技術的經濟創新，只會提高文化產品的質與量，所以消費者滿意度也會提高，當然，條件是技術上及經濟上整合的新傳媒組織所推出的產品（也就是說，從電視訊息到書本、影片，或遊戲，一概歸入資訊的名稱之下），都必須被當作商品，所以便如同任何產品般地被對待，並且順從獲利的法則。因此，數位化主題電視頻道的增加所造成的過剩，應該會導致一種「媒體選擇的爆炸」，以至於所有的需求及品味都將得到滿足。在這個領域的競爭，正如他處的競爭，根據它唯一的邏輯，尤其是和技術進步的結合，必將有利於創造。在這些方面，獲利法則也將會是民主的，因為它認可最多數人所接受的產品。我的每一個論

點都可以附上十多個參考書目及引文，但終歸是累贅的。
唯一一個例子，是我剛才所說的濃縮精華，取自法國大集
團老闆梅席耶（Jean-Marie Messier）的一席話：「在美國
所創造的數百萬個工作，都要歸功於電訊完全地自由化及
傳播技術。希望法國能引以為鑑！這事關我們的經濟競爭
力及我們子孫的就業。我們必須走出我們的冷漠，讓競爭
及創造力可以盡情發揮。」

這些論點有什麼意義？相對於產品驚人的差異性及多
元化這一神話，我們當然反對供給面的統一化，不只是在
國內，也在國際這個層次上。競爭不但沒有多元化，反而
是均質化，追求最多數的觀眾，使得製作人去找尋最多功
能的產品，所有的人、所有的場合，在所有的國家都適
用，因為這些產品既不多元化且無法區分，像好萊塢的影
片、電視連續劇、肥皂劇、偵探系列、商業音樂，百老匯
歌劇或通俗劇，為全球市場直接生產的最暢銷產品，老少
咸宜的週刊等等。此外，競爭也因為生產機制及傳播機制
的集中化而不斷地倒退：許多傳播網路越來越傾向發行

（通常是在同一時段）最高獲利、最低成本的同樣型態的產品。資訊傳播組織的集中（像最近Viacom和CBS的合併的例子）[15]，造成一種傳播支配生產的垂直整合，強制一種金錢的控制。生產、經營及發行的集中，導致占支配地位的影片公司之濫權：高蒙（Gaumont）、帕德（Pathé）及UGC等影片公司，確定可以在自己的電影院或其集團下的電影院，播放80%的巴黎電影市場上擁有獨家放映權的影片；此外也應該要提到電影城的大量出現，這些電影城完全聽命於發行商，對小型獨立的電影院造成不公平競爭，常迫使後者倒閉關門。

　　然而重點是，商業考慮、在短期內追求最大利益，及所有隨之而來的「美學」，越來越風行整個文化生產界。這種政策所帶來的後果，和我們所觀察到的出版界是一樣的，也就是說，高度的集中化：至少在美國，除了兩家獨立的出版商（W. W. Norton及Houghton Mifflin）、幾家大學出版社（也越來越順從於商業限制）及幾家抗爭性強的小出版商等等之外，書籍的銷售已經被八大媒體巨人所掌

---

15 當本人核校此書稿之際，時代華納（Time Warner）與全球網際網路最大入口網站美國線上公司（AOL）已宣告合併，這消息也同樣令人詫異。

控。大多數的出版商，必須義無反顧地追求商業成功，因此得接受媒體大明星撈過界成為作者群，及業務掛帥的控制。特別是當他們被整合入大型多媒體組織之後，就必須擠出相當高的獲利率（我可以在這裡舉米德艾歐夫［M. Thomas Middlehoff］的例子，他是德國出版集團貝特爾曼［Bertelsman］的總裁，根據《論壇報》（*La Tribune*）的說法，他「給三百五十個獲利中心兩年的時間……，以確保在投資資本上獲得超過10%的獲利率」）。因為文化預設了收不回本金的投資，不確定性高，而且通常是死後才能回收，所以說到獲利邏輯，特別是短期獲利邏輯，怎能不將它視為是對文化根本的否定呢？

這裡牽涉到的是一種文化生產的永續問題，這種文化生產並非只以商業為目的，而且不受制於支配大眾媒體生產者的判決（特別是透過他們所掌控的重要傳播工具）。事實上，這一抗爭的困難之一，在於其外貌可能是反民主的，因為文化工業的大量生產從某方面來說是全民投票表決後的產品；尤其是全世界所有國家的年輕人所表決的產

品；一方面是因為這些產品的可接受度高（這些文化產品較不需要文化資本的投入），另一方面也是因為它們是某種自相矛盾的時髦追求之對象。事實上，這是人類有史以來第一次出現的現象，（在一個經濟上、政治上占支配地位的社會）某種大眾文化最廉價通俗的產品被當作是種時髦流行；每個國家穿著鬆垮褲（Baggy Pants）的年輕人，或許並不知道他們自以為超時髦、超現代的流行穿著，其實是在美國監獄裡產生的，正如某些流行的刺青！可以說牛仔褲、可口可樂、麥當勞「文化」，不只是有經濟權力的介入，還同時有藉由某種誘惑而施行的象徵權力，而受害者自己也助長了這種誘惑。把小孩及青少年（特別是那些沒有特殊免疫防護系統的人），做為他們商業政策的特定偏好目標，文化生產及傳播的大企業（特別是電影工業），鞏固了（加上既是限制又是共犯的媒體廣告之助）一種對整個現代社會史無前例的支配力，而我們的社會也因此變得幼稚化。

　　正如貢伯里須（Gombrich）所說的，當「藝術的生態

環境」遭到破壞，藝術很快就會死亡。文化遭受威脅，是
因為讓文化可以發展的社會經濟環境，在先進國家裡（在
那裡，做為自主性條件的積累資本本來就很重要，還不消
說在其他國家）受到獲利邏輯嚴重的影響。相當自主的文
化場域，必須——和學校系統相聯繫——確保生產者和消
費者的生產。畫家大約用了五個世紀才爭取到一個可以讓
畢卡索這樣的藝術家大展才華的社會環境；一般畫家必須
奮力對抗出資人——我們從合約上得知——才能使他們的
作品不再被視為依照上畫面積及顏料價格來估價的單純商
品；他們必須經過抗爭才得到簽名權，亦即被當成著作者
的權利。他們也必須爭取上畫顏色選擇權及上顏色的方
法，甚至是主題的選擇（主題特別受到出資人權力的嚴重
影響），最後，也是在隨抽象畫的出現才爭取到這些。其
他的文化創造者，作家或音樂家，也必須努力去爭取我們
今天所謂的著作權（一直到最近才有）。他們必須爭取獨
特性、稀有性及價值感，而他們只有和評論家、傳記作
家、藝術史教授合作才能被當成藝術家，或「創作者」。

同樣地，還要爭取到許許多多的條件，才能使電影實驗作品及能欣賞這些作品的觀眾出現。只提其中幾個條件，例如使這些作品可以存活下去的專業雜誌及評論書籍，學生經常會光顧，專門放映藝術片的小型電影院或電影圖書館，由電影愛好者所主持的電影俱樂部，願意犧牲一切拍攝無法立即叫座影片的導演，內行的評論，瞭解狀況、且能提供資金具有文化涵養的製作人。總之，這個小小世界（於其中，前衛電影得到肯定）有其價值，但今天卻受到商業電影的威脅，特別是受到大型發行商的威脅，而這些發行商連製作人都無法忽視其存在（當製作人本身並非發行商時）。而這些正是當前威脅所在，即透過把作品縮減為一件商品。電影工作者為了爭取能親自操作「最後一刀」（Final Cut）的權力，而對抗製作人對作品所號稱的最後定案權，這種情形和十五世紀義大利文藝復興運動畫家的抗爭，是如出一轍的。

經過一段漫長的浮現、進展過程，今天這些自主的領域進入了退化的過程：它們走了回頭路，不斷倒退，將作

品轉為產品，將作者轉為工程師或技術師，運用不屬於它們所發明的技術資源，像有名的特殊效果或通俗雜誌捧紅的紅牌明星，直接訴諸大眾品味，而不準備接受特殊的實驗，特別是形式上的突破。尤其是，它們必須把這些高成本的資源用在純粹的商業目的上，也就是說，安排這些資源（近乎嘲諷的方式），以便盡可能地吸引最大多數的觀眾，並且滿足他們最原始的衝動——這是其他的技術專家、行銷專家試圖掌握的。也因此，在所有的領域（我們可以在小說、電影，甚至詩的領域——即被魯博（Jacques Roubaud）稱之為「羹湯詩作」（poésie muesli）——找到例子），我們看到造假文化生產的出現，這些造假文化，甚至模仿前衛實驗研究，同時運用商業生產最傳統的方法，使其曖昧性及某種錯置效果將影評家和追求現代的消費者騙得團團轉。

我們可以看到，問題並不是要在「全球化」（指服從商業法則，這一「商業」的支配，完全相反於我們所謂的文化）與民族文化之捍衛（或文化的民族主義之某種特殊

形式）之間作選擇。商業「全球化」的庸俗產品（像充滿特效場面驚人的商業片，或「國際小說」[world fiction]一類的全球化商品，其作者可以是義大利人、印度人或英國人，甚至美國人），完全相反於文學國際、藝術國際、電影國際，而這一傑出的圈圈（國際），其中心可以是任何地方，即便有一段很長的時間是在巴黎。正如卡薩諾瓦（Pascale Casanova）在《文學的世界共和國》（*La République mondiale des lettres*）中所指出的，「創作者去國籍的國際」，像喬哀思、福克納、卡夫卡、貝克特或貢布羅維奇（Gombrowicz, 1904-1969），各自創作出純粹愛爾蘭、美國、捷克或波蘭的產品，卻是在巴黎製造的，或世界級大導演：波蘭籍的奇士勞斯基（Krzysztof Kieslowski, 1941-1996）、芬蘭籍的郭利基馬基（Aki Kaurismäki）、印度籍的薩耶哲・雷（Satyajit Ray）、伊朗籍的基亞羅斯塔米（Abbas Kiarostami）、葡萄牙籍的迪奧利維拉（Manoel de Oliveira），及其他各國現代電影工作者，他們根本就不去理會好萊塢美學；我們也可以說，如果沒有藝術國際主義

的一個國際傳統，或更精確的說，如果沒有專業的製作人、影評、觀眾所形成的小小世界（對其存在是必須的，這個組成已久的小小世界，成功地在未受商業污染的地方存活下來），這些人可能永遠都不會出現[16]。

為一個新的國際主義

這個特殊國際主義的傳統，純粹文化的國際主義，儘管表面上看不出來，事實上卻是徹底對立於我們所謂的「全球化」。這個字有點像是密碼或口號，其實掩蓋了一種旨在把主流政治經濟勢力（特別是美國的勢力）之特殊傳統及特殊利益普遍化的政策。藉著把其模式弄得像是一種規範、一種必然性，及一種宿命、普遍的命運、爭取認同的方式，或至少一種普遍性的順從，這一政策，是想把有利於這些勢力的文化經濟模式擴及全世界。也就是說，在文化方面，設法把一個文化傳統的特殊性普遍化，並強行植入給全世界；在這當中，商業邏輯早已蓬勃發展、暢行

16 此點本人係採用Pascale Casanova的研究，*La République mondiale des lettres*（文學的世界共和國），Paris, Édition du Seuil, 1999.

無阻。（在這個文化裡，商業邏輯得到完全的發展。事實上要證明這一點，可能要花很長的時間，但是可以說其商業邏輯的力量來自於自由放任政策的一種極端形式，外表上看起來充滿進步的現代性，實則是一種特定的社會秩序，其特色在於放任利益及轉化為獲利來源的立即慾望的邏輯發展。逐漸建構而成的文化生產場域，卻得付出極大的代價，在面對結合經濟力量的科技力量時，更顯得脆弱異常；事實上，那些能自滿於對需求之要求的屈服，並且從中獲取經濟或象徵利益者，像今天那些成為媒體寵兒的知識分子及其他暢銷作者，總是比那些不願屈服於任何需求、只為一個不存在的市場創作的人，更為人數眾多，也更具現實影響力。）

　　那些緊守文化國際主義傳統的人，像各國的藝術家、作家、研究者，還包括編輯、藝廊總監、影評等等，如今應該要動員起來，特別是當經濟力量（這一力量試圖使文化生產和傳播服從於立即獲利法則）在所謂的自由化政策之中，獲得強力支持的時候（經濟上、文化上主流的勢

力，總想在「全球化」的掩飾之下，普遍地強行植入這一政策）。我雖然不願意，但是在這裡必須提及一些瑣碎的事實，儘管這些事實在某個作家的聚會當中，是不該提起的。雖然我知道我或許看起來會誇大其詞——不幸的預言者——但是新自由主義措施的威脅，對文化的影響實在是太大了。我想到的是各國加入世貿組織時認可的「服務業總協定」（Accord général du commerce des services, AGCS），而目前正在協商這一協定的施行細則。事實上，正如許多分析家——像瓦拉赫（Lori Wallach），貝爾納（Agnès Bertrand），杰納（Raoul Jennar）——所指出的，它是要強制一百三十六個會員國家把所有的服務業開放並接受自由貿易法則，使所有的服務活動，包括像教育文化等回應基本權益之活動，變成商品及獲利來源。我們可以看到，公共部門、社會權益及同樣具決定性的免費受教權及廣義文化權（廣義文化應該包括視聽活動、圖書館、檔案資料、博物館、植物園、動物園，以及所有和休閒、藝術、戲劇、廣播電視運動有關之活動，這些剛好可以讓我們去質

疑目前的文化分類）等等，這些概念都將因而結束。怎麼能不說，如此的一個計畫（想把保存各國文化特性及遏止跨國文化工業的國家政策，當作貿易障礙來對待），只會遏止大多數的國家（特別是經濟文化資源最欠缺的國家）去發展適合各國及當地的多元特殊性之希望，不管是在文化方面還是其他領域。特別是要他們把所有的國家措施、內部管理、對各機構的補助及許可等等，都服從於一個組織的判決，而其實這一組織試圖配合那些跨國經濟勢力之要求，一種普遍規範的外貌。

這個政策最惡劣之處，在於兩個相互加乘的效果：首先，藉著圍繞在這一政策制訂者四周的祕密性，來使其免於受到批評及抗議；接著，它的後果堪虞，有時甚至是刻意造成的，雖然在施行的時候，將承受其後果者可能沒察覺到，因為其後果通常都是經過一段時間之後才顯現，受害者也因此無法立即予以揭發（其中一個例子，就是所有壓低健保成本的政策）。

這樣一種政策，知道如何利用學術資源（金錢是可以

使之動員的）去謀求經濟利益（像智庫，集結聽命的學者
及思想家、公關記者及專家），而所有的藝術家、作家、
重視研究自主的學者，都是這一政策下的受害者，所以他
們應該要一致地拒斥這一政策。但是，他們並非永遠都能
意識到或認知到破壞其存在的機制及行動，因為他們極端
重視其相對於政治的自主性，所以他們很少準備去介入政
治領域，即便是為了要捍衛其自主性。即使他們準備要為
普遍性的理由（其典範永遠都是左拉為德雷福斯事件的行
動）而動員，他們也較不願意去介入只為捍衛自己利益、
而且看起來像是某種自私的本位主義之行動。這樣做，其
實等於是忘了，藉由捍衛與其自身存在最攸關之利益（透
過類似法國電影工作者所領導以對抗「投資多邊協定」
[AMI]的行動），他們反而能有助於捍衛更普遍性的利益，
因為這些普遍性利益也直接受到威脅。

　　這種行動既稀少又困難：要為超出某一特定社會類別
的行會利益（卡車司機、護士、銀行職員或電影工作者）
而做的政治動員，總是需要共同的努力、更多的時間，有

時候也需要更多的英雄主義。如今，政治動員的「目標」是十分抽象的，距離公民（即使是受過教育的公民）的日常經驗十分遙遠。而大型的跨國公司及其國際董事會、大型國際組織（分部眾多且縮寫複雜難唸的世貿組織、國際貨幣基金、世界銀行），所有與之相對應的事物，非民選的技術官僚委員會（一般大眾難窺其貌）等等，都構成了一個真的看不見的世界政府。在大多數人沒注意到或不瞭解的情況下，這個世界政府的權力，正施展在各國政府的身上。這種老大哥（擁有相關所有經濟文化機構的檔案，而這些檔案是可以相互串聯在一起的）已經在那裡，它極為活躍、效率又高，已能決定我們可以吃什麼、不可以吃什麼，可以讀什麼、不可以讀什麼，在電視上或電影裡，可以看什麼、不可以看什麼等等，然而許多開明的學者還以為今天所發生的事，還類似於十八世紀啟蒙時期哲學家有關普遍性國家計畫的學院思辨。

　　透過他們掌控的大型傳播公司（也就是說，文化產品的生產及傳播工具之掌控）近乎絕對的權力，這些世界新

主人傾向於集中所有經濟、文化、象徵的權力（過去在大部分的社會裡，這些權力仍然是分開的，甚至是對立的），他們也因此能廣泛地強行植入一種符合其利益的世界觀。雖然他們並非是直接的生產者，而他們領導者的公開談話並非最具有原創性，也不是最細緻的，但是大型的傳播組織仍大力推動了，甚至普及化了新自由主義的偏見。所以必須要仔細地分析其宣傳術：像規範性證明的邏輯怪物（如：「經濟正在全球化，必須要全球化我們的經濟」、「事物改變得很快，必須要改變」）；既武斷又過分的野蠻推斷（如果資本主義到處盛行，是因為它符合人類最深層的本性），無法造假的論點（「透過財富的創造，我們才能創造就業」、「重稅之後，稅收必少」這些說法，其中教育程度最高的人，還可以引用那有名的拉非[Laffer]曲線[即適度稅率曲線]，而另外一個經濟學家蓋內里[Roger Guesnerie]卻證明它是無法被證明的……），如此無庸置疑的明顯事實，一旦討論之，則又顯得有爭議（「福利國家及就業保障屬於過去式」；「我們怎麼還能捍衛公

部門的原則？」），畸形的錯誤推理（像「更多市場，等於是更多的平等」，「平均主義使數千人受苦」），技術官僚的迂迴說法（「企業改造」指的是遣散），及許多現成的概念及用詞，語意上還不確定的詞，卻因長期濫用而被庸俗化，變成一種不斷地重複的魔咒（「自由化」、「自願性失業」、「自由貿易」、「資金自由流通」、「競爭力」、「創造力」、「技術革命」、「經濟成長」、「對抗通貨膨脹」、「減低國家負債」、「降低工作成本」、「降低社會支出」）。透過一種持續包圍的效果，這個成見最後也變得像是具有天經地義的力量。在文化生產的場域裡，要對抗這種力量的人，不能依靠結構上導向滿足最大多數觀眾的媒體，也不能依靠「媒體學者」（他們只關心如何能竄紅，所以只能屈服於市場的期待；或在較為極端的例子裡，甚至可以在這類商業場所，販賣抨擊他們的前衛複製品）。也就是說，最自主的文化生產者的位置因為逐漸地被剝奪其生產工具，特別是被剝奪傳播的工具，或許從來沒有如此地受威脅過，已變得如此地脆弱，但也從來沒有如此地

稀有、有用及珍貴。

　　令人不覺感到訝異的是，今天，最「純粹」、最沒有動機、最「形式上的」生產者，在不知道的狀況下，竟被置於捍衛人類最高價值之抗爭的前衛位置上。藉著捍衛其獨特性，他們其實也就捍衛了最普遍的價值。

漢城，2000 年 9 月

串聯才能主導[*]

　　從歷史上來看，經濟場域是在與其有本質上關聯的民
族國家之架構下建立起來的。事實上，國家多方促成經濟
空間的統一（而反過來說，經濟空間也促成國家的出
現）。正如波朗尼（Karl Polanyi）在《大轉變》（*The Great
Transformation*）一書中所指出來的，在歐洲國內市場的出
現並不是貿易逐漸擴張的自動產物，而是一種經過審慎評
估的國家重商政策所造成的結果，其目的在於增加對內與
對外貿易（特別是藉著鼓勵土地、金錢及工作的商業化）。
但是統一與整合，不但沒有像人們所以為的造成一種均質

* 發表於日本東京京城大學（Keisen University），2000年10月3日。

化的過程，而是帶來了權力的集中，甚至到了壟斷的地步，同時也造成一部分整合進來之人口的赤貧化。也就是說，國家及其所控制之領土的整合，其實是在進行支配的條件（正如在所有殖民狀況下所可以看到的）。事實上，正如本人在阿爾及利亞所觀察到的，經濟場域的統一，尤其是透過貨幣的統一，以及緊接而來的貨幣交換的普遍化，傾向於會把所有的社會代理人丟入一種經濟遊戲，在這個遊戲裡，從文化上及經濟上來說，他們並不是平等地準備就緒的。經濟統一同時傾向於使他們服從於客觀上強制的規範（透過更有效率的生產力及生產模式之競爭），正如我們在越來越脫離自給自足的小型農村生產上所可以看到的。總而言之，**統一有利於統治者**，而他們彼此的差異乃是因資本而異，即將資本築成一種關係。（拿一個最近的例子來看，這也是為什麼美國總統羅斯福在1930年代的時候，必須建立工作方面共同的社會法則──像最低薪資、工時限制──以避免因為把發展速度不同的地區整合入同一個國家整體內，而使薪水及工作環境惡化。）

但是，統一化（及集中化）的過程仍局限在國家疆界之內：透過各種障礙，特別是司法障礙，這一過程只限於人員物資的自由流通（關稅，匯兌控制）；也因為物資的生產，特別是物資的流通仍和地理密切相關，而使得這一過程受到限制（特別是因為交通成本所造成的）。而這些對經濟場域之擴張既是技術又是司法的限制，在不同因素的影響之下，現在逐漸開始削弱或消失：一方面純粹是技術的因素，像空運或網際網路等等新溝通工具的發展；另一方面，則是較為政治或司法—政治的因素，像自由化或鬆綁。因此有利於**一個世界經濟場域**的形成，特別是在金融領域（在那裡，資訊溝通管道逐漸使區分不同國家市場的時間差距消失殆盡）。

「全球化」的雙重意義

在這裡必須回到「全球化」這個字：從嚴格的意義上來說，我們看到它可以指世界經濟場域的統一化，或把這

個場域擴張到世界的層次。但是我們也使它帶有其他意義，悄悄地從我剛才所說的描述性概念轉到一個規範性的概念，或者應該說某種**即說即行**的概念。那麼「全球化」指的是一種旨在透過司法──政治措施，以降低統合的限制進而統一經濟場域的「**經濟政策**」，而其所要對抗的障礙，大部分和民族國家及其擴張有關。這就精確地定義了新自由主義政策，而這一政策和真正的經濟宣傳是分不開的，因為經濟宣傳藉著玩弄概念的模糊性來賦予它一部分的象徵力量。

經濟「全球化」並非技術或經濟法則的一種機械性結果，而是一種政策的產品，這一政策是由整個代理人及制度一起付諸實現的，也是為特定目的而刻意創建的規則之施行結果。這個特定目的就是商業自由化（Trade Liberalization），也就是取消所有限制企業及其投資的國家管制。換句話說，「世界市場」是一種**政治創造**（正如國內市場），一種或多或少有意識地協商過的政策之產品。正如在其層次上，造成國內市場產生的政策一樣，這個政

策的效果（或目的，至少對那些頭腦最清醒、最厚顏的新
自由主義捍衛者來說），是藉著使之前仍限於國境之內的
代理人及企業，直接赤裸裸地面對更有效率、更強勢的生
產力及生產模式之競爭，並創造出支配的環境。因此，在
新發展的經濟裡，保護的消失造成國有企業的殘敗，對像
泰國、南韓、印尼或巴西等國家，取消外國投資的所有障
礙造成了地方企業的瓦解及併購（跨國企業只需用微不足
道的金錢就可以為之）。對這些國家而言，公共市場仍是
讓窮國企業可以和富國大企業競爭的唯一方法。當這些大
企業被當作是創造一個全球行動場域的必備條件時，世貿
組織有關競爭及公共市場的政策法令，透過建立在大型跨
國企業和小型國內生產者間的一種「實力相當」的競爭，
將只會造成小型國內生產者的大量消失。我們知道，一般
來說，實質不平等裡的形式平等，只會對強勢者有利。

　　我們看到「全球化」這個字是**一個兼具描述性及規範
性的假概念**。它已取代了「現代化」（modernisation）這個
字，而「現代化」長久以來，被美國社會科學當作強制溉

輸某種（天真的）種族中心演化模式的委婉方式來使用
——這一模式可以依照和經濟上最先進的社會之距離來歸
類不同社會，而做為這個最先進社會的美國社會，則被建
構成所有人類歷史的目標及終點（這就好像我們把這個社
會表面上中立而不容置疑的典型特色之一，像是每個居民
的能源消耗，拿來當作是演化程度的標準，而這一模式被
李維史陀（Lévi-Strauss）在《種族及歷史》[*Race et Histoire*]
一書中批判）。這個字（及其所表達的模式）代表**普遍性
帝國主義**最完美的形式，對一個社會來說，這一形式就是
將自身的特殊性心照不宣地建構成一種普遍模式，並予以
普遍化（就像很久以前法國社會所做的，把自己當作人權
及法國革命遺產的代表，法國因而變成，特別是透過馬克
思主義的傳統，所有可能革命的模式）。

　　因此，透過「現代化」這個字，便成了財經世界場域
的統一過程，也就是說，整合到目前為止仍彼此分隔的國
內經濟場域，並且依照根植在一個特定社會傳統（美國社
會）的歷史特殊性之經濟模式而組織，因為美國社會傳統

被建構成無法避免的命運、普遍自由化的政治計畫。總之，它成為一種**自然的演化**，道德和公民的理想，並藉著民主和市場間（未經證實）的關連之名，承諾所有國家人民的一種政治解放。這種**烏托邦資本主義**最完美的形式，或許是「股東民主」的迷思，也就是一種受薪者的世界，這些受薪者接受股票做為報酬，集體地成為他們「企業之所有人」，實現資本和工作完美成功的結合：「現代化理論」得意洋洋的種族中心主義，隨著最受新經濟這種宗教信仰影響的先知（視美國為「已實現的社會主義」的新祖國）而達到至高的境界（我們順帶可以看到，今天在芝加哥那邊大放異彩的某些科學主義狂熱，一點都不輸給過去「科學的社會主義」最狂熱的讕語，而這一「科學的社會主義」在其他時代、其他地方所造成的結果，我們每個人都心知肚明）。

這裡要稍微打住以便清楚地交代，首先，那個被當作所有理性經濟實踐的規範，而被普遍地推行及強制者，其實是一個深植在某個歷史及特定社會結構的經濟（或者說

「美國經濟」)特色[17] 的普遍化;同時,從本質上來說,美國是一種政治經濟理想的現實形式,而這種形式主要是他們特有的社會經濟模式(其特色為國家的削弱)理想化的產品。但是,也必須指出,美國之所以在世界經濟場域占有一個支配的地位,是因為他們集中了一整個特殊的競爭優勢:**金融優勢**,因為美元特殊的位置,使他們可以在全世界(或說不只像日本高儲蓄率的國家,還包括窮國或世界貿易網絡的寡頭集團)吸取必要的資金,以資助他們巨大的預算赤字,彌補低度的投資儲蓄率;同時也使他們可以實行他們所選擇的貨幣政策,而不用擔心對其他國家的影響(特別是那些最窮的國家,他們受制於美國的經濟決策,客觀上有助於美國的經濟成長,不僅因為這些窮國人民工作及產品的外幣成本較低——主要是原料,還因為他們被抽取的部分使美國銀行及股市獲利);**經濟優勢**,資本及投資資產部門的競爭力及勢力,特別是微電子產業,或銀行在私人創新金援上的角色;**政治及軍事的優勢**,美國在外交上的分量,使他們可以強施符合他們利益的經濟

17 請參考前文〈美國模式的強行植入及其影響〉。

商業規範；**文化語言優勢**，再加上科學研究公私系統特出的品質（從諾貝爾獎得獎數可評量出）、律師及大型法律公司的勢力，最後，英語的實際普遍性，使其支配通信及所有商業文化的生產；**象徵優勢**，強施一種幾乎被普遍承認的生活風格，特別是透過世界再現（尤其是電影）的生產及傳播，和某種現代的形象相聯繫。（我們順帶可以看到，美國經濟的優勢——而且是離完全競爭模式越來越遠，卻以這一模式之名，而強制他人接受——**是結構性效果所產生的，而非某種經濟政策的特殊效率所造成的**；此外，工作密集化的效果及工時的延長，再加上專業技能低者的微薄薪資，及科技主導的新經濟之角色皆應計算在內。）

世界經濟裡所建立的權力關係最無庸置疑的表現之一，或許正是不對稱關係及雙重標準邏輯，其使得支配者，特別是美國，可以引用保護主義及補助，卻禁止開發中國家引用同樣的保護主義及補助（這些開發中的國家，被禁止對某一會造成其工業嚴重損失的產品施行進口限

制，或被禁止對外來投資的管制）。我們需要很大的善意才能相信，對貧窮國家的社會權益之關心（如禁止童工），是完全沒有保護主義的私心，尤其當我們知道是像美國這樣的國家在關心。因為他們鼓吹的是自由化、彈性化、薪水限制及工會權益限制。而「全球化」政策本身，或許是這種不對稱關係的最佳範例，因為這一政策的目標在於把最有利於支配者的模式，單向地而**非互惠**地（也就是說，結合一種孤立主義及本位主義）擴及到整個世界。

透過強制自由貿易、資金自由流通、出口導向的經濟成長的絕對支配所造成的世界經濟場域的統一，呈現出和過去國內經濟場域整合同樣的曖昧性：雖然負有某種無疆界的普遍主義、某種大一統主義的外表（其證明為：麥當勞、牛仔褲、可口可樂的「文化」、及「廉價」（cheap）生活形態的廣為流傳，或做為正面世界化指標的「司法的一致化」），這一「社會計畫」是為統治者服務，也就是說，那些強勢的投資者，他們高居國家之上，可以倚靠大國，特別是他們之中政治上及經濟上最強勢的國家：美國，以

及他們所控制的大型國際機構：世界銀行、國際貨幣基金、世貿組織，以便確保有利於其經濟活動管理的環境。

不平等關係之整合的支配影響，可以在加拿大的命運裡看得很清楚（這也可能是歐洲的命運，如果歐洲轉而與美國建立起關稅聯盟）：特別是在文化方面，由於傳統模式的保護措施的降低，使得加拿大處於無法招架的狀況，現在正得承受一個由美國強勢主導的經濟文化整合。

正如過去的民族國家，經濟主流勢力，事實上有能力使國際法及大型國際組織（致力於遊說活動）為其服務。這些大型國際組織汲汲於以司法辯護來包裝企業或國家的經濟利益（例如透過確保工業投資家最大的保護及權益）；它們花很大一部分的腦力在拆解國家權益，例如確保消費者保護的法則規章。國際機構不但沒有執行本來是民族國家的功能（像有關社會保險的職能），還用看不見的方式支配各國政府，而這些國家政府，越來越被局限於次級事物的管理，同時卻又構成一種可以掩蓋真正決策中心的政治幻想屏障。在象徵的層次上，這些國際機構強化

其經濟競爭近乎機械式的行動：迫使民族國家在稅制上
（給予免稅）或競爭優勢上（提供免費的基礎建設），與其
玩起競爭的遊戲。

世界經濟場域的狀況

　　世界經濟場域有點像一整個世界次級場域的組合，而
每個次級場域相當於一個「產業」（Industry）；所謂「產
業」是指：為生產及商業化某一類別產品而相互競爭的企
業組合。每個次級場域的結構（幾乎都是賣方主控市場的
模式），是對應於能在國際層次上獲取一個有效競爭者地
位的企業間的資本分配（依照不同種類的資本），而一個
企業在每個國家的位置，取決於它在其他國家所占有的位
置。世界場域強烈地極化。因為在結構中的分量（可形成
進入的障礙），國內主流經濟傾向於集中企業資產，使企
業生產之獲利納為己有，並且引導場域運作的內在傾向。
每個企業在國家場域及國際場域的位置，事實上不只是取

決於其自身優勢，也取決於來自其國家屬性的經濟、政
治、文化、語言優勢；這種「國家資本」（capital national）
在各個企業的結構性競爭力上，施行一種加乘的效果，不
管是正面還是負面的。

今天，這些不同場域在結構上是從屬於世界金融場
域。這個世界場域擺脫了各種管制（透過一些措施，像法
國在1985至86年間的金融自由化法規），這些近兩個世紀
之久的管制，在1930年代一連串銀行破產後，還曾經特別
加強過。因此，達成一種自主性及一種不甚完整的整合之
後，世界金融場域成為使資本增值的地方之一。大投資家
所聚集的金錢（退休基金、保險公司、投資基金），成為
一種自主的力量，只受銀行家所控制，這些銀行家越來越
偏好投機、沒有其他目的只偏好金融操作，因此不利於生
產性的投資。

金融資本在退休基金及互助基金（吸收及管理集體積
蓄）的聚集，使得積蓄的超國家管理者，可以藉著股東利
益之名而強制企業在金融獲利上的要求，這也逐漸對他們

的策略造成影響。特別是藉著限制多元經營的可能性及強制縮編（Downsizing）的決定，降低成本及人員，或使所有風險落在雇員身上的合併收購，雖然有時候雇員透過以股票作報酬而看似和獲利有關（至少是其中位階最高者）。為獲得最佳的金融獲利，逐漸增加的資本投入（或者，尤其是資本退出）的自由，投資及取消投資的自由，都有利於資金的流動，造成產業或銀行普遍的外移。對外直接投資，可以利用在資本上及勞動成本上國家之間或區域之間的差異，也可以尋找接近最有利的市場。正如新生國家把自主的封地轉變成從屬於中央權力的省，「網狀企業」在國內及國際市場裡，找到一個「內化」交易的工具，正如威廉生（Oliver Williamson）所說的，也就是說，把交易組織到生產單位裡，整合被兼併的企業，使原先的「母公司」降為「子公司」的地位；而其他則在外包的方式中，找到建立從屬關係的另一種方法（在相對獨立性之中）。

因此，世界經濟場域的整合，傾向弱化所有國家及地

區的權力,而其形式上的世界主義(使所有其他、特別是國家的發展模式失去影響力,國家模式突然間被指責為民族主義),使得公民在面對財經跨國勢力時,顯得無能為力。所謂的「結構調整」政策,目的在確保被支配的經濟能整合到一個從屬的關係;這些,透過一系列自由化及民營化的措施(如取消所有國內市場的保護,及對外來投資控制的放鬆,這些都是以進化主義的假設之名而為之,這一假設認為競爭會使企業更有效率),來減低與社會福利國家相連之經濟的政治調節的所有「人工」及「任意」的機制(它是唯一能對抗跨國企業、國際金融機構及所謂的自由市場獲利者)。照此做法,這些結構調整政策傾向於確保集中的資本一種幾近完全自由的運作,並為受這些政策影響的跨國企業開啟大門。(相反地,這些政策卻反而遏阻了新興國家的企圖,而新興國家的企圖,是希望能提出一種有效的競爭,也就是說,利用民族國家以建立經濟基層建設及創造國內市場,同時保護國內生產,鼓勵農人及工人因購買力增加而產生實質的消費需求,而購買力的

增加，也是要靠國家的決策，如土地改革或漸進式稅制的
建立。）

這些政策隱約表達的權力關係（逐漸使窮國縮減成幾
乎只能依賴自然資源的密集開發或外延開發）也表現在世
界機構賦予不同國家的不對稱待遇上（依照各國在資本分
配結構上的位置而定）：最典型的例子，或許正是國際貨
幣基金要美國減少長期預算赤字的要求，向來都沒有獲得
回應，然而同樣的，國際貨幣基金強迫許多瀕臨危亡經濟
的非洲國家縮減其預算赤字，而這麼一來，只會惡化這些
國家的失業及貧困。另外，我們知道，向全世界鼓吹開放
邊境及拆解國家的那些國家，卻透過進口配額的限制、出
口自願性的限制、品質或安全規格的強制、強迫貨幣升值
同時採取或多或少有點微妙的保護主義，還有對尊重普遍
社會權益的道德鼓勵，或迎合某些國家救濟形式，例如透
過我們所謂的「混合式賣方市場」，這種市場的機制是建
基在國家介入（透過出口自願性限制協定，或對外國子公
司生產配額的限定）來分食市場的。

　　和過去在歐洲對立於民族國家層次的統一不同，這種統一的產生不需要國家——違反凱因斯（Keynes）想要看到一個世界中央銀行的產生之期望，凱因斯希望透過這個世界中央銀行，可以製造一種中性的儲備貨幣，能確保國與國之間貿易的平等——而且只為統治者的利益服務，他們和歐洲國家起源的法學家不同，因為他們不真的必須替符合他們利益的政策包裝上普遍性的外表。是場域邏輯及集中資本本身的力量，強制了有利於統治者利益的權力關係。統治者透過表面中立、實則由他們支配的大型國際機關（如國際貨幣基金，世貿組織）之介入或其政治經濟代表之掩護（「投資多邊協定」[AMI]計畫是其最完美的表達），有辦法把這些權力關係轉變成帶著普遍性外表的遊戲規則：這種擺脫所有國家限制，並任由投資者獨斷的烏托邦，讓我們認知到這麼一個真正「世界化」的世界，這個由各國統治者及工業與金融跨國公司幹部所抱持的保守主義國際，正透過一個帝國主義國家（實則它已淪為僅能維持其內外秩序的功能）在政治、外交及軍事上的力量來

強力植入[18]。所以,沒必要期待這個統一(由立法協調所穩固)可以透過它自己的邏輯,達到一種真正的普遍化(由某個普遍國家所承擔)。但或許可以期待,一群只關心其短期經濟利益的寡頭集團的政策的影響,將會有利於政治力量的逐漸浮現,這些力量也是全球性的,也能漸漸地強制跨國機構的創立,使這些跨國機構負責控制主流的經濟力量,並使主流的經濟力量服從於真正的普遍性目的。

東京,2000年10月

---

[18] 可參考François Chesnais, *La Mondialisation du capital*(資本全球化), Paris, Syros, 1994; M. Freitag et E. Pineault (sous la dir. de), *Le Monde enchaîné*(被栓在一塊的世界), Montréal, Éditions Nota Bene, 1999.

國家圖書館出版品預行編目資料

以火攻火：催生一個歐洲社會運動／皮耶・布
爾迪厄（Pierre Bourdieu）著；孫智綺譯. －－
初版. －－臺北市：麥田出版：城邦文化發行，
2003 [民92]
　　面；　公分. －－（麥田人文；75）
譯自：Contre-feux 2
ISBN　986-7537-05-X（平裝）

　1. 社會－歐洲－論文，講詞等　2. 經濟－歐
洲－論文，講詞等

540.94　　　　　　　　　　　　92019180

麥田出版

廣　告　回　郵
北區郵政管理局登記證
北台字第１０１５８號
免　貼　郵　票

城邦文化事業(股)公司

100 台北市信義路二段 213 號 11 樓

麥田出版

文學・歷史・人文・軍事・生活

編號：RH1075　　書名：以火攻火——催生一個歐洲社會運動

 讀者回函卡

謝謝您購買我們出版的書。請將讀者回函卡填好寄回,我們將不定
期寄上城邦集團最新的出版資訊。

姓名:_____ 電子信箱:_____

聯絡地址:□□□_____

_____

電話:(公) _____ (宅) _____

身分證字號:_____(此即您的讀者編號)

生日:____年____月____日 性別: □男 □女

職業:□軍警 □公教 □學生 □傳播業
　　　□製造業 □金融業 □資訊業 □銷售業
　　　□其他 _____

教育程度:□碩士及以上 □大學 □專科 □高中
　　　　　□國中及以下

購買方式:□書店 □郵購 □其他 _____

喜歡閱讀的種類:□文學 □商業 □軍事 □歷史
　　　　　　　　□旅遊 □藝術 □科學 □推理 □傳記
　　　　　　　　□生活、勵志 □教育、心理
　　　　　　　　□其他 _____

您從何處得知本書的消息?(可複選)
　　　　□書店 □報章雜誌 □廣播 □電視
　　　　□書訊 □親友 □其他 _____

本書優點:□內容符合期待 □文筆流暢 □具實用性
(可複選)□版面、圖片、字體安排適當 □其他 _____

本書缺點:□內容不符合期待 □文筆欠佳 □內容平平
(可複選)□觀念保守 □版面、圖片、字體安排不易閱讀
　　　　　□價格偏高 □其他 _____

您對我們的建議:

_____